JN043563

サッカー
GK
ゴール
キーパー
パーフェクト
マニュアル

GKコーチ
松本拓也
TAKUYA MATSUMOTO

KADOKAWA

まえがき

突然ですが、皆さんにとって、歴代の日本代表のゴールキーパー（以下、GK）のレベルが最も高かったと感じる時代はいつでしょうか？　私は、川口能活さん、楢﨑正剛さん、川島永嗣選手 という３人の GK が活躍していた時代が、日本代表史上で最もレベルが高かったと感じています。しかし、この時代はまだ育成年代に「GK コーチ」という専門的な指導者は普及していませんでした。

近年、GK コーチの数が大幅に増えて専門的な指導を受けられる環境が整備されてきたことで、GK のレベルも格段に上がってきました。しかし、まだフィールドプレーヤーほど多く海外に進出しているわけではありません。

上記した３名の選手が中学・高校生の頃は、まだ専門的な GK コーチが普及していない時代だったにもかかわらず、なぜ彼らは成長できたのでしょうか？　ここにヒントが隠れていると感じています。

今後、より多くの日本人 GK が海外に進出していくためには何が必要になるのか、どのように育成していく必要があるのか。私がドイツ研修で学んだ経験から、私なりに感じたことを紹介していきます。

なお、これからお話することは、日本を否定するものでもなければ、ドイツの真似事をすべきだと問うものでもありません。それぞれの特徴を整理し、お互いの良い点をうまく混ぜ合わせながら、日本独自の GK 育成方法を議論し合う契機にできればと願っています。

ドイツへと旅立った理由

私は 2000 年に指導者のキャリアをスタートさせてから、スクール、小学生、中学生、高校生、トップチームとすべてのカテゴリーで選手を指導してきました。川崎フロンターレのアカデミーで６年、柏レイソルのアカデミーで８年、同トップチームで３年半、GK コーチとして選手を指導してきた 2018 年の夏、ある決断を下します。日本サッカー協会（以下、JFA）と J リーグによる協働プログラム JJP（※）で、ドイツへ研修に行くことにしたのです（※ JJP：「JFA／J.League

Cooperative Development Programme」の略。JFA と J リーグの協働で次世代の選手育成に投資する取り組み）。

2016 年当時日本代表の監督だった方が「日本の GK はレベルが低い、それを指導している日本人 GK コーチのレベルはもっと低い」と話しているという記事を読んだことがあります。その真意はわかりませんが、「日本人 GK コーチもやれるはずだ、これは証明するしかない」と考えたのです。当時柏レイソルで指導していた中村航輔選手がロシアワールドカップのメンバーに選出されたタイミングでクラブの理解と協力をもらい、日本の選手、指導者の立ち位置がどれくらいなのかを知るために、GK 大国であるドイツへ行くことにしたのです。研修先はドイツの古豪、1.FC カイザースラウテルンの U-21 アカデミー組織です。

ドイツで衝撃を受ける日々

ある程度の実績と自信を胸にドイツへ乗り込みましたが、そこでの日々は衝撃を受けるばかりでした。最も驚いたのは、GK コーチがグラウンドに立っているのは GK 練習がある 17 〜 18 時までの 1 時間だけで、チーム練習が始まる 18 時になると GK コーチは帰宅してしまうことでした。日本では考えられないような出来事でしたが、研修期間が進むにつれて、それでもドイツの GK 育成がうまくいっている理由がだんだんとわかってきました。

「ドイツでは GK が人気」とよくいわれますが、日本でも決して GK が不人気というわけではないと私は思っています。しかし、ドイツでは"一家にひとつ GK グローブ"といった具合に、GK をやりたがる選手が日本よりも多い、といったところでしょうか。

ここでは、GK に限ったわけではない、ドイツと日本での思考の違いについて考えていきましょう。

ドイツでは、目的を達成することが最優先であり、そのためであればどんな方法であっても構わないと考えています。一方、日本では、目的よりも方法論が優先

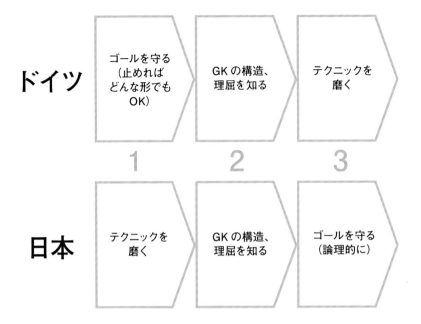

ドイツ

1	2	3
ゴールを守る（止めればどんな形でもOK）	GKの構造、理屈を知る	テクニックを磨く

日本

| テクニックを磨く | GKの構造、理屈を知る | ゴールを守る（論理的に） |

される傾向にある、という違いがあるのではないでしょうか。

具体的に言うと、私が見てきたドイツでは、まずはGKに興味のある選手がゴールを守り、どんな形であれゴールを守れればOKです。そこでGKに興味が湧いた選手が、GKの構造や理屈（どうすればもっと上手にボールをキャッチできるのか？　どうすればもっと1対1に強くなるのか？など）を知ろうとして、テクニックを学ぶようになる、という順番です。

ところが日本では、GKをする選手に対して、まずは正面のキャッチングに対する細かい指導から始まります。手も大きくない選手からすると、キャッチングの技術を習得するまでに細かいことをたくさん指摘されれば、なかなかGKを楽しいとは感じられないかもしれません。

私が見た限りでは、ドイツでは最初にグラウンダーのボールのキャッチから始まることが多かった。足を広げ、腕を伸ばして、脇を閉じて、ボールをキャッチする。細かくはありません。

なぜグラウンダーから行うのでしょうか。理由は単純です。「簡単な技術だから」です。難しいことから指導するのではなく、簡単な技術から始める。そして、GKに興味を持った選手がもっとうまくなりたいと思ってから、最終的にテクニックを磨くという思考の順番に転換できれば、もっともっとGKに興味を持つ子どもが、楽しさとともにGKを続けていく環境ができるのではないでしょうか。

JAPAN'S WAY
（自分たちで自分たちの形を確立していこう）

どうすれば、海外に出て活躍できる選手を育成できるのか。

そのヒントは、「自立」だと考えています。

指導者が選手を育てるのではなく、選手が自ら育っていく。つまり「自立していく仕組み」を指導者がつくることが、世界に飛び出して活躍する選手を育成することにつながっていくのです。

自立した選手を育成していくためには、指導者自身が変わらなければなりません。しかし、この日本の環境の中で変わっていくことは、非常にハードルが高いとも実感しています。

海外を真似ても、世界との差は一向に縮まらず開くばかりではないでしょうか。それならば、真似るのを一旦やめてみましょう。

日本には、優秀な指導者、優秀なGKコーチが数多く存在しています。その方々が力を合わせて、日本人に最適な選手養成方法を議論し、明確にするほうが、より世界で活躍できる選手を育成できると考えています。スペインでは○○、ドイツでは××、などと言っていても切りがありません。海外の真似をしたところで、海外の選手にはなれません。海外の指導者を招いたところで、海外の指導者は日本人の特徴を深く把握していません。日本人を一番深く理解しているのは、われわれ日本人指導者なのです。

「世界に飛び出していく選手を育成していくために」という視点で、少しでも多くの指導者の方々と共有したいと考え、本書を記すことにしました。

日本では今後、どういった指導が求められていくのか──。本書をもとに、サッカーファミリーの皆さまの間で指導の在り方についての議論が生まれることになれば幸いです。

松本拓也

C O N T E N T S

第1章

指導者の役割 17

第2章

環境がもたらす効果

第3章

GKの原則

第 **4** 章

GKに求められる能力・要素 67

第 **5** 章

GK の技術・戦術と
トレーニング方法 ₇₇

第 **6** 章

GK特有のケガ予防 271

特別企画

GKコーチ座談会 281

楢﨑正剛×松本拓也×松永成立

「世界で戦えるGKを育てるために」

本書の見方

『サッカー GK パーフェクトマニュアル』は、GKを目指す選手、GKコーチはもちろん、サッカーに関わるすべての人が、GKについての正しい知識を体系的に学ぶことを目指してつくられています。本書の内容を正しく理解し、実際の練習や指導につなげていただくために、各ページの見方を説明します。

図版の見方

GK、味方、相手の位置などを俯瞰した視点から図にしたものです。ボールの動きは点線、選手の動きは実線で表しています。また、それぞれの事例に合わせて、凡例にはないものが入っている場合もあります。

凡 例	
●	GK
●	味方
●	相手
●	コーチ
⊛	ボール
→	GKの動き
┄┄▶	味方のボールの動き
→	味方選手の動き
┄┄▶	相手のボールの動き
→	相手選手の動き

実技ページの見方

GKの技術的なポイントを松本拓也コーチが実践しているものです。良いプレー（GOOD）、悪いプレー（BAD）、クローズアップ／アナザーアングルの3つの要素で構成されています。それぞれに松本コーチによる解説がついています。

GOOD
良いプレーの例です。

クローズアップ／アナザーアングル
特に大事なポイントや、別角度から見たものです。

BAD
悪いプレーの例です。

トレーニング計画と方法の見方

トレーニング計画と方法の表は、10歳から18歳までの大きく5つの時期に分けて、GKに求められるスペックを、いつまでに身につけるか（横軸）、どのような技術なのか（縦軸）のふたつを組み合わせたものになります。

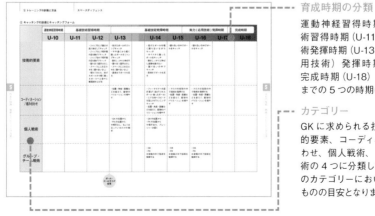

育成時期の分類
運動神経習得時期（U-10）、基礎技術習得時期（U-11～U-12）、基礎技術発揮時期（U-13～U-15）、実力（応用技術）発揮時期（U-16～U-17）、完成時期（U-18）と10歳から18歳までの5つの時期に分類しています。

カテゴリー
GKに求められる技術・戦術を、技術的要素、コーディネーション／組み合わせ、個人戦術、グループ・チーム戦術の4つに分類しています。それぞれのカテゴリーにおいて身につけていくものの目安となります。

GK用語集

本書内に登場する、GK に関する専門性の高い用語を解説します。

キャッチング

GK がプレーする際に最も多く用いる技術。胸の高さより上はオーバーハンドキャッチ、胸より下の高さはアンダーハンドキャッチを用いる。ボールをキャッチすることで相手の得点の機会を奪い、味方の攻撃をスタートする役割を担う。

クロス対応

サイドからのクロスに対するプレーのこと。GK は味方選手の守備組織を整えながら、出る or 出ないの適切な判断を行い、ボールを奪う、またはゴールを守る。キャッチングやパンチングなどの技術的要素に加え、賢さや瞬間的な判断力が求められる。

コラプシング

その場で片足を払い、その場に倒れてボールに対応する技術。近い距離からのシュートや構えた足幅よりもやや遠くに飛んできたシュートに反応する際に用いる。足を抜くコラプシングと、足を抜いて、もう片方の足で地面を蹴ってダイビングするコラプシングがある。

ダイビング

自分から遠い場所に蹴られたボールに対してジャンプをしながらセービングを行う技術。シューターとの距離が近く、足を運ぶ時間がない際に、跳ぶ方向の足を素早く内側に入れて、その場でダイビングする「インナーダイビング」もある。

ディストリビューション

自分たちがボールを保持する際に、キックやスローによって、前線に一気にフィードしたり、味方の選手にパスをつないだりする技術のこと。現代サッカーにおいて必要性が高まっている。

ディフレクション

不規則な回転のシュートや、目の前でバウンドするボールなど、ボールをキャッチするのが難しい場合に、ボールを弾くこと。状況に合わせてキャッチングとディレクションを使い分ける。

パンチング

ボールをキャッチできない、またはキャッチに行くと危険だと判断したときに用いる技術。両手パンチングと片手パンチングの 2 種類がある。相手選手のいない方向に弾いたり、強く遠くに弾き二次攻撃を可能な限り受けないように意識する。

ピックアップ

相手のコントロールが大きくなった場合などに、GK が倒れずにボールを奪うこと。アンダーハンドキャッチとオーバーハンドキャッチの 2 種類をボールの高さによって使い分ける。

フットセーブ

近い距離からのシュートに対して、足で対応する技術。シュートに腕を伸ばすよりも足を出したほうが早いと判断した際に用いる。

フットブロック

相手との間合いを詰めたものの、ボールとポストを結んだラインが L 字で消せていない場合に、足を真横に伸ばしてシュートをブロックする技術のこと。

プレジャンプ（タイミング）

GK のキャッチング、ダイビング前の予備動作。ボール方向に素早く移動するために、GK がその場で軽くジャンプしてタイミングを取る。

プロテクト

高く上がったクロスボールに対応する際に、相手と競る際に自分の身体を守ること。相手に近い方向の足を上げて、接触によるケガを予防する。

フロントダイビング

相手のボールコントロールが大きくなったり、ボールが相手の足元から離れたときに、ダイビングをしながらボールを奪うこと。ダイビングをしながら直線的にボールに向かって飛び込む、かなり勇気が伴うテクニック。

ポジショニング

GK がプレー中に立っている位置。正しいポジションを取り続けることで相手が簡単に打てるコースをなくし、失点の確率を下げる。相手のレベルが高くなればなるほど、GK には素早い予測やポジション修正が求められる。

レッドゾーン

1 対 1 の状況において、相手との距離が 3 〜 5 メートルのこと。GK にとって最も対応が難しく、失点の可能性が高くなる。

ローリングダウン

ダイビングをする際にケガ予防のために受け身を取る技術のこと。

L字ブロック

相手との間合いを詰め、さらに相手の足元までに寄せたときに、片方の足を外に向けて曲げ、シュートコースを消す技術のこと。足の形が「L」になることから L 字と呼ばれる。

第 **1** 章

指導者の役割

① 指導の最終目標

② 日本の育成に必要な4つの柱

③ 指導の留意点（監督・コーチと、GKコーチの関係）

① 指導の最終目標

日本人の指導者は、本当に熱心で、勤勉で、真面目で、優秀な人の集まりだと感じています。しかし、指導者のほうが選手よりも努力してしまっているということはありませんか？　選手があまり努力をしているように見えず、選手に対してストレスを感じてしまうこともあるかもしれません。

どんなに指導者が努力をしても、最後は選手自身がやらなければ、その努力の意味は半減してしまいます。

指導の最終目標は何でしょうか？

それは指導者が努力することでも、選手に無理やりやらせることでもありません。指導の最終目標は、「自立した選手を育てること」だと考えています。選手が指導者や周囲の大人に依存したり、指導者に言われたことしかできないようでは、サッカー選手としてはもちろん、ひとりの人間として成長することはできません。

では、「自立した選手」とは、どういった選手を指すのでしょうか？

私は次の３点が大事だと考えています。

○ 目標に対して自ら行動を起こすことができる
○ 自分の意見を他者に対して発言・発信できる
○ 客観性を持ち、自己分析ができる

自分を成長させることができるのは、自分だけです。自らの力で成長することができる選手を育てることこそ、指導の本当の目標だと考えています。

② 日本の育成に必要な4つの柱

日本の育成に
必要な**4**つの柱

1
自立した選手
を育てる

2
目指すGK像
を明確にする

3
充実した
スカウティング
システムを
構築する

4
指導者同士で
ディスカッションと
ブラッシュアップ

1　自立した選手を育てる

GK育成においてある程度の成果が出始めてきた今、自立した選手を育て、世界に肩を並べていくためには、何が必要になるでしょうか？

私は、指導者自身がより成長することだと思います。指導者自身の意識を変えることから始めることこそ、自立した選手を育てる上で大事になります。

では、指導者が意識すべきことは何でしょうか？

いろいろありますが、まずは次の2点から始めることが必要だと考えます。

　　○自己主張しやすい環境を整える
　　○指導者が選手より頑張らない

詳しく見ていきましょう。

① 自己主張しやすい環境を整える

まずは選手の話を聞く

これは個人の見解ですが、小学校高学年の頃から敬語を学び始めることで、子どもたちは、目上の人のほうが偉い、年上の言うことは正しい、と潜在的に解釈しているように感じます。さらには、目上の人に自分の意見を言って間違っていたら嫌だな、そもそも意見をすることは良くないんじゃないかな、という意識が芽生えてしまう側面もあると感じています。

まずは、指導者のほうから選手に対して「どう感じたの?」「どうしてそう考えたの?」といった具合に、選手の話を聞くことが必要です。

選手が答えるのを根気強く待つ

選手が指導者に何か言いたいこと、伝えたいことがある場合、ちゅうちょしてしまい、発言するまでにものすごく時間がかかってしまいます。それが例えば「もっとゲームをやりたい」といった、やり方に関する意見であればなおさらです。

そこで、指導者が「早く言いなさい」といった具合に急かしてしまうと、選手は怒られていると感じます。怒られると感じれば発言することにちゅうちょし、もう自分の意見は言えなくなってしまいます。選手が話し始めるのを根気強く待つことが必要です。

ドイツ研修を終えて、アカデミーの指導に携わっていたときのことです。中学生年代の選手たちが積極的に意見を言ってくれるようになるまでに、3カ月かかりました。その3カ月間、正直なことを言えば、選手に対してイライラしてしまいましたし、根気強く待つことがこれほどまでに大変なのかと思いました。ですが、本心を話すようになってくれたあとは、本当の意味で選手との信頼関係ができたと感じています。

信頼関係ができてきたと感じ始めてからは、こんな主張を受けたこともありました。当時中学2年生の選手に「試合中にゴール裏から僕にコーチングしないでほしい、試合に集中できない」と言われたのです(苦笑)。中学生の選手からコーチである私にこうした主張をしてくれたことは、本当に大きな一歩だと感じました。ただ、その試合後、「ああ、ごめん。でも試合中はピッチの中でフィールドの選手からいろいろなことを言われたり、監督から何か要求されることもある。そういったことにも素早く柔軟に対応しなければならないから、その訓練も含めて話しているんだよね。あと、その瞬間しか伝えられないこともあるから、後ろから声をかけることは続けたいんだよね」と伝え、納得してもらいました。選手の主張を受け入れることも大事ですが、同時に、指導者として必要と考えていること

を伝えることも大事です。選手との間に信頼関係ができてきたからこそ、前向きに議論し合えたものだと思います。

意見なのか文句なのかを見極める

選手が何か言ってきたときに、「誰に向かって言っているんだ!」と返した経験はありますか? 私はあります(ありました)。

ドイツ研修期間でのことです。 カイザースラウテルンのアマチュアチーム(5部リーグ)の試合で、審判の判定基準が不明瞭だったことから、両チームの選手、ベンチともにイライラしているのが見て取れました。カイザースラウテルンの選手が相手ゴール前で倒されましたが、審判は倒された選手のファールを取りました。「PKだろ!」と誰もが総立ちになり、倒された選手もボールを真上にたたきつけて審判にどなっていました。しかし審判は毅然とした態度で試合を続行し、誰にもカードを出さなかったのです。ところが、しばらくしてピッチ内のある選手が審判に対して「Scheisse」(=ドイツ語で"クソったれ")と言ったのです。すぐさま、審判はその選手に警告を出しました。

その瞬間、私はハッとしました。その審判が意見に対しては耳を傾け、文句に対してはしっかりと裁きを下していることに気がついたのです。同時に、自分は意見と文句の区別ができていないのではないかと、このときに気づきました。

もし選手が「意見」を言ったのに、「誰に向かって言っているんだ!」と言ってしまったら、選手が指導者に対して意見を言うことはもうありません。せいぜい練習後、指導者のいないロッカールームで指導者の陰口をたたくことしかできなくなってしまうでしょう。

自立した選手とは、自分の意見をしっかりと相手に伝えることができる選手です。そのためには、指導者が意見に対して耳を傾けるように努めなければなりません。そして、選手側も"言い方"を考えないと、意見を聞いてもらえない可能性もあります。指導者だけでも、選手だけでもなく、お互いが意識することが大事です。

② 指導者が選手より頑張らない

せっかく指導者が試合の映像を編集して選手に渡したとしても、選手があまり見てくれなかった、という経験はありませんか?

「こっち（指導者）は頑張っているのに、なんで選手は見ないんだ!」と言いたくもありますが、これは、選手が指導者に"うまくしてもらえる"と考えていることが原因なのではないかと思います。選手にうまくなってもらいたいと思ってやっていることが、かえって選手の自立の妨げになってしまっている典型的な事例です。

自分（指導者）ばかりが頑張っていると思うのであれば、その状況を変えましょう。この例であれば、選手が自分で映像を編集し、指導者もしくはグループにコメント付きで送り返すというやり方にシフトチェンジできるような仕組みをつくってみてはどうでしょうか。選手は嫌でも自分のプレーを見返すことになり、指導者も編集する時間を省けるので、一石二鳥です。

選手を上から引っ張り上げるのではなく、選手の頑張りを後ろから押してあげるような環境をつくる。それこそが、自立した選手の育成につながると考えています。

目指すべきGK像

先ほど、自立した選手の条件に、「客観性を持ち、自己分析ができる」ことをあげました（18ページ参照）。

選手が自分のプレーを見て、自分で分析できるようになるには、その基準やモデルが必要になります。目指すべきGK像を明確にすることが重要です。

では、目指すべき究極のGK像とは、どのようなものでしょうか。ふたつの条件があげられます。

　○ひとりでゴールを守れる
　○どんな監督の要求にも応えられる

詳しく見ていきましょう。

① ひとりでゴールを守れる

ひとりでゴールを守れるGKになるためには、次の4つのプレーの質を高める必要があります。

　①スペースディフェンス (ボールを奪う)
　②ゴールディフェンス (ゴールを守る)
　③1対1
　④ディストリビューション（ビルドアップ・攻撃参加)

この4つのプレーの質が高いほど、ゴールを守り、ゴールを奪う可能性が高くなります。GKの場合、何かひとつの技術に優れていることよりも、欠点がひとつもないことのほうが重要になります（"4つのプレー"については 48 〜 58 ページ参照）。

② どんな監督の要求にも応えられる

プレーだけでなく、どんな監督の要求にも応えられることが、目指すGK像といえます。

監督によって要求はさまざまで、将来、どんな監督のもとでプレーするかは、現段階ではわかりません。欠点をなくし、できるプレーを育成年代から計画的に増やしていくことが、その先の可能性を増やすことにつながると考えています。

例えば、東口順昭選手（ガンバ大阪）と中村航輔選手（ポルティモネンセ／ポルトガル）は、2018年のロシアワールドカップには選ばれていましたが、2022年カタールワールドカップには選ばれませんでした。もしかすると、その大会で選ばれていた権田修一選手（清水エスパルス）やシュミット・ダニエル選手（シント＝トロイデン／ベルギー）が、次のワールドカップでは選ばれないかもしれません。しかし、川島永嗣選手や、ドイツ代表のマヌエル・ノイアー（バイエルン・ミュンヘン／ドイツ）、マルク＝アンドレ・テア・シュテーゲン（バルセロナ／スペイン）らは、監督が代わっても継続的に選ばれてきました。

育成年代のうちに、どんな監督の要求にも応えられる、マルチなGKを育んでいくことを目指しましょう。

○ クロスボールに、出て対応することもできるし、出ないでシュートに対応する（味方に任せる）こともできる

○ ディフェンスライン背後のボールに、積極的に出ることもできるし、出ないで味方に任せるという判断もできる

○ 近くに蹴るだけでなく、遠くに蹴ることもできる

○ 味方に厳しく要求するコミュニケーションも取れるし、ソフトに伝えるコミュニケーションも取れる

○ 自らリーダーシップを取ることもできるし、サポート役に回ることもできる

理想の GK

ここまで見てきたように、理想の GK とは、何でもできる GK だと言い換えることができます。つまり、

質の高い判断力を持ち、俊敏性があり、常に主導権を握り、勝利に貢献できる

ことが理想の GK に求められるのです。具体的には次のとおりです。

○味方と連携してディフェンスラインの背後を広く守ることができる一方で、前に出る・出ないの判断の質も高い
○戦術理解度が高く、それを個人・グループ・チーム戦術の中で、ゲームの流れとともに効果的にプレーできる
○味方と連携してゴールを守ることができる。また、味方と連携が取れなくても、相手のプレーを予測して、ひとりでもゴールを守ること、ボールを奪うこと、攻撃につなげることができる
○短長を問わず味方にボールを配球すること、チーム戦術の中でカウンターや攻撃の起点となって得点に関与するパスを配球することができる。また、その使い分けの判断の質が高い

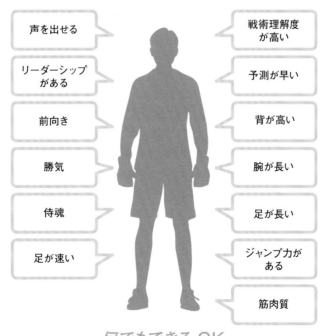

何でもできる GK

独自にGK評価表をつくろう

目指すGK像に向かって、今、自分がどの立ち位置にいるのかを知ることは、自立した選手になる上でとても重要です。

自己分析・自己評価をして見えた【理想】と【現実】の間にあるギャップこそが、選手として成長するための【課題】または【伸びしろ】となります。【課題】を知ることは、【課題解決】の方法を自分で見つけることにつながり、それを続けることで自立した選手になることができます。

そこで、独自の「GK評価表」をつくってみることをオススメします。自分が目指すGKの理想像を見える化することができ、自分の強みや、取り組むべき課題を明確にすることができます。

以下に注意して、ぜひ取り組んでみましょう。

- 理想とするGKに必要な要素を書き出し、
  その要素をさらに細分化する

- 評価基準を決める
  （例：J1で試合に出場している選手のレベルを5とした場合、など）

- 自己分析をして、評価基準に沿って現在の自己評価を行う

- 選手・スタッフ（GKコーチ）がそれぞれ同じものを記入し、
  お互いに評価をすり合わせる

- 定期的にすり合わせを行う（年に数回）

- スタッフ間でも評価表を共有する

選手評価表(NO,1)

氏名		生年月日	
記入日			

【ゴールディフェンス】

	【自己評価】5点/3点/1点	【自己コメント】	【指導者評価】5点/3点/1点	【指導者コメント】
正面キャッチ				
バウンドボールキャッチ				
グラウンダーボールキャッチ				
(左右の)ポジショニング				
(前後の)ポジショニング				
コラプシング(グランダー)				
コラプシング(浮き球)				
ダイビング(グランダー)				
ダイビング(ミドルハイ)				
ダイビング(ハイ)				
弾く技術(グランダー)				
弾く技術(ショートバウンド)				
弾く技術(浮き球横方向)				
弾く技術(浮き球上方向)				
キャッチor弾くの判断				
弾く位置・強さ				
起き上がり方(同方向)				
起き上がり方(逆方向)				

【スペースディフェンス】

		【自己評価】	【自己コメント】	【指導者評価】	【指導者コメント】
① DFライン背後のカバーリング	背後へのボールを狙っているか				
	背後を狙えるポジションを取れているか				
	飛び出す前に、味方や相手選手の位置や状況を把握できているか				
	味方と連携が取れているか				
	(パスorクリアなど)ボールの処理は適切にできているか				
	背後への1タッチパスの準備はできているか				
	守備範囲				
② サイドからのクロスの対応	クロスに狙う意識を持っているか				
	クロスに狙えるポジションを取れているか				
	クロスが上がる前にゴール前の状況(敵と味方の人数と位置)を把握できているか				
	味方と連携が取れているか				
	(出るor出ないVキャッチorパンチングなど)適切な判断が出来ているか				
	1タッチクロスへの準備				
	守備範囲(足の運び)				
③ 深い位置からのクロス	ニアを守る意識を持っているか				
	ニアを守れるポジションに立てているか				
	クロスが上がる前にゴール前の状況(敵と味方の人数と位置)を把握できているか				
	味方と連携が取れているか				
	(出るor出ないVキャッチorパンチングなど)適切な判断が出来ているか				
	1タッチでのクロスに準備できているか				
	守備範囲(ファーサイドへの足の運び)				
④ パンチング	パンチングの技術(両手)				
	パンチングの技術(片手)				
	パンチングの飛距離				

【ディストリビューション】※配球

	【自己評価】	【自己コメント】	【指導者評価】	【指導者コメント】
インサイドキックの正確性				
インステップキックの正確性(中距離)				
インステップキックの正確性(長距離)				
1タッチパスの正確性(近～中距離)				
1タッチパスの正確性(長距離)				
バウンドボールタッチの正確性(短～中距離)				
アンダーハンドスローの正確性				
オーバーハンドスローの正確性(中距離)				
オーバーハンドスローの正確性(長距離)				
ドロップキックの正確性				
パントキックの正確性(中距離低い弾道)				
パントキックの正確性(長距離)				
味方へのサポートポジション				
どこにでも(左右・近遠)測れるボールの持ち方ができるか				
ボールを受ける前に、周辺の状況を確認しているか				
速を見ているか				
パスの短・長の判断				
速攻・遅攻の使い分け				

選手評価表(NO,2)

氏名		生年月日	
記入日			

【1対1】

	【自己評価】5点/3点/1点	【自己コメント】	【指導者評価】5点/3点/1点	【指導者コメント】
ピックアップ				
フロントダイビング				
L字ブロックの技術				
フットブロックの技術				
身体を張ったプレーが出来ているか				
相手のコントロールミスを狙っているか				
出るor出ないの判断				
(出た場合の)L字orフットブロックor構えるの使い分け				
(キックフェイントなど)すぐに倒れずに我慢強く対応しているか				
ドリブルについて行けているか				

【コーチング・連携】

	【自己評価】	【自己コメント】	【指導者評価】	【指導者コメント】
声の大きさ				
抑揚				
味方に、味方の死角状況を【事前】に伝えられているか				
ゴール前では事前に短く、端的な声を発しているか				
GKの声が味方の助けになっているか(聞いているか・伝わっているか				
ポジティブな声をかけているか・怒鳴ってばかりいないか				
状況に合わせて口調を変えられているか(強く・厳しく・優しく・ゆっくり)				
意思疎通が図れているか(味方の意思や意見も聞いているか)				

【フィジカル】

	【自己評価】	【自己コメント】	【指導者評価】	【指導者コメント】
瞬間的なスピード(15m程度まで)				
ジャンプ力				
反転スピード(方向転換)				
倒れてから起き上がるスピード				
キック力(飛距離)				
腕力(飛距離)				
身体の柔軟性(上半身)				
身体の柔軟性(下半身)				

【パーソナリティ・社会性】

	【自己評価】	【自己コメント】	【指導者評価】	【指導者コメント】
元気・前向き				
立ち振る舞い(堂々としているか・存在感があるか・格好良く見えるか)				
リーダーシップ・キャプテンシー				
打たれ強さ(リバウンドメンタリティ)				
集中力				
忍耐強さ				
冷静さ				
向上心				
自ら行動を起こせる(行動力)				
自己分析力				
人の話や意見に耳を傾けることができる				

【メンテナンス】

	【自己評価】	【自己コメント】	【指導者評価】	【指導者コメント】
セルフケア(ストレッチ・アイシング・テーピング)				
エクササイズ(筋力強化・怪我予防の補強)				
食生活				
睡眠				

【本人コメント】

【指導者コメント】

充実した
スカウティングシステムの構築

近年、若くて優秀な GK が、さまざまなクラブや学校から輩出されるようになりました。ここでは、より多くの人材・タレントが発掘され、育成されていくための提案をしていきます。

① GK 育成カタログの必要性

日本では、Ｊリーグクラブのアカデミー組織に入団した場合、基本的には、ジュニアユースで３年間、ユースで３年間、選手の入れ替えは行われません。

一方、ドイツをはじめヨーロッパのクラブでは、アカデミー年代から毎年選手の入れ替えが行われています。こうした仕組みが選手間の競争を生んでいるといえます。

しかし、日本で現在の環境をいきなり変えることは難しいのが実情です。

例えば、A君とB君というふたりの選手が、12歳のときにＪクラブのジュニアユースのセレクションを受けたとします。A君はセレクションに合格し、ジュニアユース、ユースを含めて６年間、専門的な指導を受けることができました。"うまい選手"になることはできましたが、"トップレベルの選手"になるには身長が足りませんでした。一方、B君はセレクションに不合格となり、専門的な指導ができるGKコーチのいない中学校に進学することになりました。中学生になってからグングンと身長が伸び、早いうちに180cmを超え、大型GKとして頭角を現すようになりましたが、ジュニアユースに途中入団することはできませんでした。高校生になってようやくＪクラブのアカデミー組織に入団できたものの、専門的な指導を受けて才能を開花させるには３年間では十分ではありませんでした。

もし日本でもアカデミー年代から選手の競争、入れ替えが行われる環境であれば、B君はその才能を開花させることができたかもしれません。しかし、そうした日本の仕組みを今すぐに変えることは難しいのが現実で、サッカー界の課題のひとつとしてあげられます。

そこで必要になるのが、【GK育成カタログ】だと考えています。GKコーチが不在で、専門的な指導を直接受けることができない環境であっても、専門的な理論や知識、トレーニング方法を知ることができれば、自分が今、何をするべきかがわかるようになるのではないでしょうか。もしこのようなGK育成カタログがあり、どの年代で何をすべきかが明確であれば、B君は才能を開花させ、トップレベルの選手になれたかもしれません。そして、多くの選手の可能性を広げることにつながると考えています。

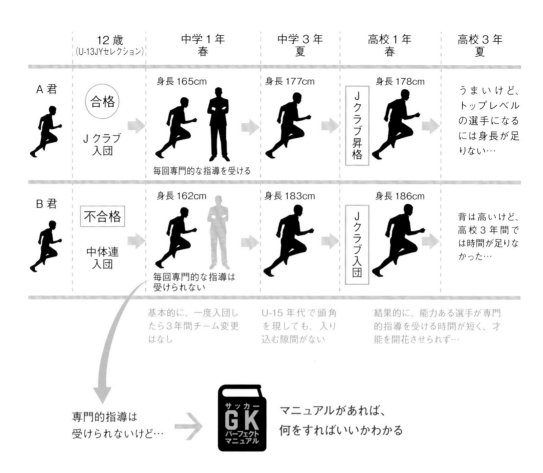

	12歳 (U-13JYセレクション)	中学1年 春	中学3年 夏	高校1年 春	高校3年 夏
A君	合格 Jクラブ 入団	身長165cm 毎回専門的な指導を受ける	身長177cm	Jクラブ昇格 身長178cm	うまいけど、トップレベルの選手になるには身長が足りない…
B君	不合格 中体連 入団	身長162cm 毎回専門的な指導は受けられない	身長183cm	Jクラブ入団 身長186cm	背は高いけど、高校3年間では時間が足りなかった…

基本的に、一度入団したら3年間チーム変更はなし

U-15年代で頭角を現しても、入り込む隙間がない

結果的に、能力ある選手が専門的指導を受ける時間が短く、才能を開花させられず…

専門的指導は
受けられないけど…

GK サッカー パーフェクト マニュアル

マニュアルがあれば、
何をすればいいかわかる

② 選手の成長を追跡できるシステムの構築

全国のアカデミー年代の選手データを一括管理できる仕組みがあれば、より見落としが少なくなるでしょう。場合によっては、トップレベルになれるだけの才能を持った選手を見落としてしまい、専門的な指導を受ける機会を逃すことで、せっかくの才能を埋もれさせてしまう可能性があります。

例えば、先ほどのB君は、中学生の早いうちに180cmを超え、トップレベルになれるだけの才能を秘めているにもかかわらず、いわゆる無名校に通っていたために、発掘の網に引っかかることがありませんでした。15歳で再びセレクションを受け、Jクラブのユースに入団することはできましたが、その才能を開花させるには3年間では不十分でした。

そこで必要になるのが、【選手の成長を追跡できるシステム】だと考えています。もし日本全国のアカデミー年代の選手データを把握・管理できれば、15歳まで待つことなく、発掘の網にかかったかもしれません。そうすれば、ジュニアユースに途中入団する仕組みになっていなかったとしても、専門的な指導を受けるためのサポートをしたり、各年代の代表に招集することも可能になります。発掘の網からもれる選手をできる限り少なくして、多くの選手に可能性を広げることにつながるでしょう。

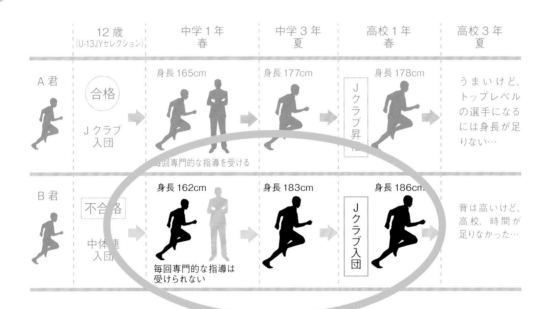

身長推移が著しい選手を
的確にリストアップできるように

③ スカウティング時間の確保

「選手を指導することは非常に大事だ。しかし、良い選手を見つけることも同じ
ぐらい、いや、それ以上に大事だ」

これは、ドイツ研修のときに、研修先のドイツ人 GK コーチが口にした言葉です。
日本代表を目指せる素材はまだまだ眠っている気がしています。シビアに感じる
かもしれませんが、そこそこの才能はそこそこにしかなりません。より才能のある
選手を発掘する努力、そのための仕組みづくりはより大事だといえるでしょう。
しかし日本では、GK コーチは平日・週末を問わずグラウンドで選手の指導をし
ており、発掘のための時間が確保できていないのが実情です。
一方、ドイツをはじめヨーロッパのクラブでは、アカデミーの GK コーチは時間
をつくって、スカウティングに足を運びます。ドイツでは、U-17 年代までは土日
には練習を行わず、どちらかの曜日が試合であれば、もう一方の曜日はオフにな
ります。コーチは、そのオフを利用してスカウティングに行ったり、アウェイの
試合であれば GK コーチは帯同せずにスカウティングに足を運んだりします。

 ドイツの場合は…

では、ドイツの GK コーチはスカウティングの情報をどのように入手しているの
でしょうか。
ドイツでは、ドイツサッカー連盟（DFB）に登録するチームのチームマネージャー
（ドイツではベトロイアーと呼ばれる）が、DFB のホームページに試合情報（練
習試合、公式戦問わず予定、結果、メンバー、得点者等）をアップロードしま

す。データをアップロードすることで、ライセンスポイントを得られる仕組みになっているため、ベトロイアーは積極的にアップロードを行います。それらの情報はDFBが一括管理しており、誰でもダウンロード可能なアプリと連携しています。

このアプリでは、誰が試合に出て、誰が何点入れたかなども掲載されているため、監督・コーチ・GKコーチはオフを利用して、気になるチームや気になる選手のスカウティングに行きます。どこで何時から試合があるのかも記載されているため、情報はすぐに手に入れることができます。

また、GKコーチが帯同できない試合では、各カテゴリーの監督に、自チームのGKと対戦相手のGKに関する評価をスカウティングシートに書いてもらいます。自チームのGKよりも評価が高い場合は、GKコーチが直接足を運び、選手を見に行きます。

このように、ドイツではDFBが一括管理しているデータを活用しながら、週に1日あるオフをスカウティングにあて、チーム内でもアプリを利用して情報を共有することで、より良い選手の発掘に努めているのです。

● 日本でスカウティングの時間を確保するには…

では、日本でスカウティングの時間をつくるには、どうすればいいのでしょうか。いきなり仕組みを変えるのは簡単なことではありませんが、工夫次第では、今いる選手を育成しながら、新しい選手を発掘することは可能になるはずです。

まず、クラブやチームの理解を得ることが大事です。「スカウティングに行くぐらいなら、目の前の選手を見てあげて」と言われる方もいると思います。しかし、選手を指導することも大事ですが、より良い選手を見つけることも大事です。毎週のように練習を空けてスカウティングに行くことは現実的ではありませんが、必要なときにスカウティングに行けるように、クラブ、チームスタッフとの良好な関係構築も必要になってきます。

ちなみに、ドイツでは、特に育成年代では、アウェイの試合にGKコーチが帯同しないクラブが多かったです。ドイツ国内におけるGKとGKコーチの地位や理解があってこそ成り立つことかもしれませんので、日本でも今後、GKとGKコーチの地位や理解をより高めていかなくてはなりません。

また、今、指導者（GKコーチ）が試合映像の編集をして、選手に送っているとしたら、選手に編集させる仕組みをつくることで、スカウティングに行く時間をつくりましょう。指導者の役割は、あくまでも選手を"自立"させることなので、一石二鳥です。

自チームのGKに、その試合を自分自身で見直し、自己分析させるようにしましょう。選手が自分のプレーを編集し、コーチに解説付きで送り返します。ここではまず最初に、GKコーチが「理想のGK像」を明確にした上で、選手に自己分析や編集をさせましょう。理想のGK像がなければ客観的な比較ができません。その理想に対して、現在、自分がどうなのかを選手自身が振り返るようにシフトチェンジします。

練習、試合に常に帯同　GKコーチ　／　試合後の映像チェック　／　編集し、選手に送る「きちんと見ろよ！」　／　選手はあまり見ていない　／　再生回数1回「なんであんまり見てないんだ…」

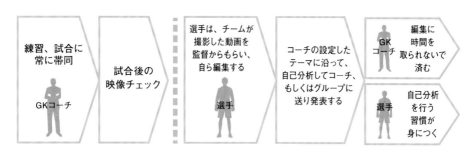

ここで大事なことが2点あります。

ひとつ目は、提出期限を選手に決めさせることです。日本の場合、週末に試合があり、月曜日に休みになることが多いと思いますが、私の場合は水曜日までの提出にしていました。選手にもいろいろな事情があります。あまり遅くならないようには促しますが、選手に決めさせるようにしましょう。

ふたつ目は、選手が自己分析した内容を否定しないことです。自己分析した内容は、選手のありのままであり、現状です。特に最初のうちは、指導者と選手では、分析内容も見ている観点も違うことが多くあります。回数を重ねていくうちに、コーチと選手の分析や視点が合ってくるようになるでしょう。

このようなサイクルが機能してくると、選手が"自立"するサイクルができあがり、指導者にとっては映像編集の時間を取られないで済むため、スカウティングに行く時間をつくることができるようになります。

GKコーチにとって、選手のそばにいてあげることも大事なことですが、不在にしていてもやれることは多くあります。選手のためを考えるのであれば、自分が頑張りすぎず、選手が自分でやる時間を意図的につくることも必要になるでしょう。

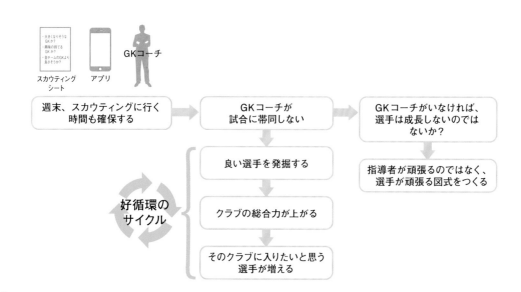

選手の成長を追跡する

「My Football Data（仮）」構想

日本全国のアカデミー年代の選手データを把握・管理できるシステムがあれば、才能のある選手を見落とす可能性が下がります。デジタル化が進む今、全国のアカデミー年代の選手データを一括管理できるようになれば、より多くのメリットを生み出すことができます。

例えば、身長の大きい選手を発掘できるようになるだけでなく、数多くの選手の身長推移をデータベース化することで、これから大きく身長が伸びてくる選手を予測することもできるようになるでしょう。

さらには、選手自身が自分のデータをスマホで管理し、ポイントを取得していく参加型システムを作成することも考えられます。アプリ内のコンテンツに e ラーニングを用意し、審判、運営、ボランティアなどピッチ外のことも含め、各年代カテゴリーのレベルに合わせて幅広く学べるようにすることで、アカデミー年代の選手たちの興味や関心を広げる狙いに活用することもできるでしょう。

さらには、例えば試合中にレッドカード、またはイエローカード 2 枚を受けた場合、マイナスポイントをつけることで、アカデミー年代のうちからフェアプレーを自己管理するように促すこともできるでしょう。

選手データを一元管理できるシステムを構築することは、アカデミー年代の選手たちにとってメリットや成長をより促進するための仕組みへとつなげることが考えられるのです。

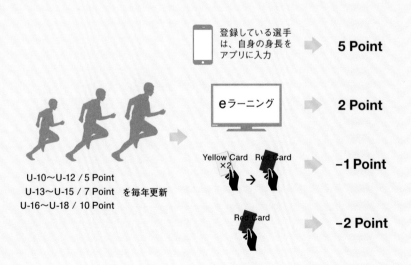

4 | 指導者同士の共有とブラッシュアップ

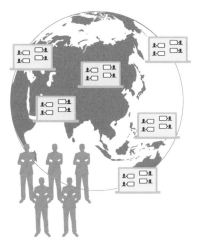

海外で活躍している日本人 GK コーチの方は、数多くいらっしゃいます。インターネットを通して J リーグが世界で活躍する GK コーチの方々とつながり、その国の現状を常に把握することは、日本の GK 育成を向上させていく上で非常に大事になると考えています。世界中にアンテナを張ることで、サッカー界の最前線で何か起こっているのかを知る。最新の情報をもとに、日本の育成モデルを常に検証する。「より良い指導育成」「目指す GK 像」というテーマを常に議論する。情報と課題を日本中の指導者と共有しながら、ディスカッションとブラッシュアップを繰り返していくことが、日本サッカー界の向上につながるでしょう。

これは、指導者も同様だと思います。最新の情報を入手したり、コーチングの在り方を考えたりして、指導者としての自分自身を向上させていくことが大事です。指導者が向上しようと努力を継続する姿は、必ずや選手も見ています。指導者自身が自らの意識を変えていくことが求められるのではないでしょうか。

---

③ **指導の留意点**
（監督・コーチと、GK コーチの関係）

ひと言で「指導者」といっても、それぞれ違う人間ですので、考え方が異なって当然です。それは同じチームの指導者同士であっても同様です。

しかし、選手を指導するにあたり、同じチームでありながら監督やコーチによってまったく違うことを言っていては、選手は混乱してしまいます。選手が立ち返るべき指針がぶれてしまわないよう、指導者同士で連携することが非常に重要になります。

GK の育成にあたって、どのように連携していくことが必要か。3 つのステップで見ていきましょう。

1st STEP スタッフ間で確認し合う

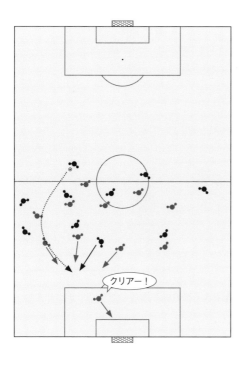

- 相手センターバック(CB)がディフェンスラインの背後にボールを蹴りました。
- GK は自分が前に出る選択をせずに、後方に戻り味方 DF に対応させるために「クリアー!」と言いました。

↓

GK
出てこい!

良い判断
だった
けどな…

監督　　　　　　　GK コーチ

そもそもスタッフ間で考えていることが違う

監督は選手に言う前に GK コーチに聞いてみましょう!

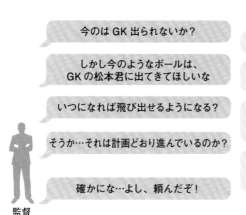

今のは GK 出られないか?

しかし今のようなボールは、GK の松本君に出てきてほしいな

いつになれば飛び出せるようになる?

そうか…それは計画どおり進んでいるのか?

確かにな…よし、頼んだぞ!

監督

今の判断は良かったと僕は思います

はい。次の段階になったら要求したいと思います

夏以降には飛び出していけるように頑張ります。今は低めにポジションを取らせ、違いを感じさせています

はい! それによって、出る出ないの判断も良くなり、連携ミスが少なくなってきました

GK コーチ

2nd STEP スタッフ間で課題を共有する

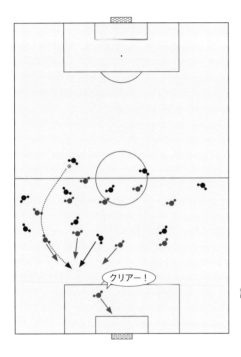

●監督が GK の松本君に「出てこい！」と言いました。

● GK の松本君は、それについてやや不満そうです。

> GK
> 出てこい！

> ふむふむ

監督　　　　　　　　GK コーチ

課題が共有できていれば、選手にアプローチしやすい

次の課題、テーマに対しての取り組みが明確になる

> 監督に前に出ろと言われましたが、
> 無理じゃないですか？

> あのようなボールをカバーリングできたら、
> 松本君のレベルも上がるんじゃないか？
> 監督はそれを望んでいるぞ！

> いや、無理ですよ…

> 出られるようにするためには、
> どうすればいい？

> スタートポジションを高く取るしか…。
> でも、前に出すぎると直接ゴールが心配です

> よくわかっているな！
> 練習で何をすれば良さそうだ？

> 前に飛び出す練習と、ループシュートを
> 打たれたときの対応の練習…？

> ありがとうございます！
> じゃあ練習お願いします！

> よくわかっているな！ よし、それを
> やっていけばレベルアップできそうだな！

松本君　　　　　　　　　　　　　　　　　　　　　GK コーチ

Final STEP　監督は思ったことを直接 GK に要求する

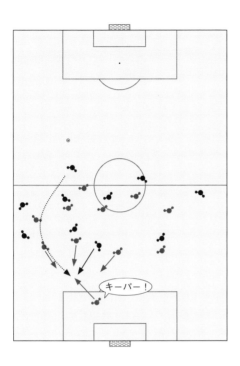

キーパー！

●監督の要求が試合ごとに変わります。

●GK の松本君は、さまざまな要求に
応えられるように日々取り組んでいま
したので問題ありません。

松本君、今日は
ディフェンスライン
背後は
出てきてくれ！

どの要求にも
応えられるぞ！

監督　　　　　GK コーチ

計画的に育成することで、高い要求にも
対応が可能になる

GK 育成には監督・コーチと GK コーチの連携が必要不可欠！

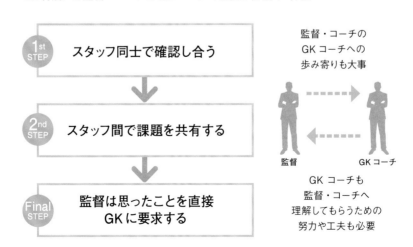

1st STEP　スタッフ同士で確認し合う

2nd STEP　スタッフ間で課題を共有する

Final STEP　監督は思ったことを直接
GK に要求する

監督・コーチの
GK コーチへの
歩み寄りも大事

監督　　　　　GK コーチ

GK コーチも
監督・コーチへ
理解してもらうための
努力や工夫も必要

計画的に接していくことで、さまざまな要求に対応可能な選手を育成できる

一貫した指導計画を作成する

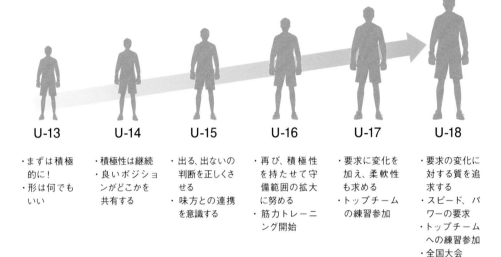

U-13	U-14	U-15	U-16	U-17	U-18
・まずは積極的に！ ・形は何でもいい	・積極性は継続 ・良いポジションがどこかを共有する	・出る、出ないの判断を正しくさせる ・味方との連携を意識する	・再び、積極性を持たせて守備範囲の拡大に努める ・筋力トレーニング開始	・要求に変化を加え、柔軟性も求める ・トップチームの練習参加	・要求の変化に対する質を追求する ・スピード、パワーの要求 ・トップチームへの練習参加 ・全国大会

世界で活躍するGKを育成するためには、選手があらゆる要求に対応できるよう育てていく必要があります。チームとGKコーチが協力し、一貫した指導計画を持つことで、選手への要求を計画的に高めていくことができます。

アカデミー年代の指導者にとって、許されている期間はおよそ6年（中1〜高3）です。選手の可能性を広げるためには、一貫した指導計画を作成することに加え、常にブラッシュアップする姿勢を持つことが必要です。

第 2 章

環境がもたらす効果

日本の育成現場は、日に日に環境が良くなってきていると感じます。日本とドイツの育成現場を比較した場合、同じ「良い環境」の中でも、ドイツのほうが（意図的かは別として）環境を上手に利用しているように感じます。環境がもたらす効果とは一体どのようなものか。日本とドイツにどのような違いがあるのか。詳しく見ていきましょう。

① グラウンド

ドイツの環境

> 芝生のグランドが多い
> 粘着質で、
> すべてが平らではない

⬇

> 力強くボールを蹴らないと
> 味方にボールが渡らない

⬇

> 強いボールを蹴る習慣がつく

⬇

> 雑なボールを
> コントロールする
> 習慣がつく

> 足腰が
> 自然と強くなる

人工芝でのトレーニングは、強く蹴らなくてもボールが一定の速度で飛んでいきます。しかし、幼少期の頃から粘着質の芝生の上でボールを蹴っているドイツ人と比較すれば、ボールを強く蹴る頻度はどうしても少なくなってしまいます。日本の環境下では、強いボールを蹴ることを常に意識し続けることが大事です。また、お互いに強いボールを蹴り合っていると、雑なボールを受けることも多くなりますが、そうしたボールを常に受けることで、正確にボールをコントロールする習慣が自然とついていきます。

また、グラウンドの違いは、足腰の強さにも差が出てきます。粘着質のグラウンドでは、自体重で常に踏ん張っている状態にあり、自然と足腰の強化につながります。これは、骨がまだ成長段階にある小・中学生が、重りを用いた筋力トレーニングをして補えるようなものではありません。

日本の場合は、例えば相撲や柔道、レスリングなどを積極的にトレーニングに取り入れていくことで補うことが求められます。理想を言えば、芝生の上でプレーする環境を育成年代から整えていくことで解消されていくでしょう。決して平らできれいな天然芝でなくても構わないのです。

② 選手の入れ替え

日本では、クラブチームで活動している選手と、学校の部活で活動している選手に分かれます。学校の部活は教育とセットになっており、教育のシステム上、

3年間のカリキュラムで活動することになります。そのため、学年に関係なく毎年選手を入れ替えることは基本的にできません。つまり、ドイツのような自然に選手が競争し合う環境にはなっていません。

また、選手の保護者にとっても、3年間責任を持って面倒を見てくれるクラブや学校のほうが、安心して通わせることができると考える傾向もあります。保護者の視点で見れば、これは当然のことだと思います。クラブにとっても、毎年ジュニアユース、ユースの選手を入退団させることは、クラブの評判を落としかねないというリスクもあります。

現在、部活動の地域への移行が段階的に進められていますが、もし地域移行が進み、今よりも選手の移籍が頻繁に行われるようになれば、状況は変わってくるかもしれません。しかし、今すぐにこの問題を解消することは難しいと考えています。

ドイツでは、クラブしかないために短期的な選手の入れ替えが行われ、小学生年代から常に競争し合う環境があります。日本でこうした環境を今すぐつくることが難しいのであれば、今ある環境の中で選手が競争し合うように、指導者が意図的に競争原理をつくり出すことが求められます。

ドイツの環境

クラブしかないために、短期的な選手の入れ替えが可能
小学生年代から常に競争がある

自然と競争が激しくなる

精神的にもタフになる

③ **目指すGK像の有無**

私が見てきたドイツでは、「目指せ、テア・シュテーゲン!」と、GKもGKコーチも、ドイツ代表テア・シュテーゲンを生きたモデルとしていました。A君はノイアー、B君はオブラク、C君はエデルソン……といったように、それぞれ選手によって目指すGK像が違うことはありませんでした。皆が同じ理想のGK像に向かってしのぎを削り合っていくことで、テア・シュテーゲンの持つ完成度の質を皆で競い合っているイメージでした。これには、競争の質が高くなるメリットがあります。

一方、日本には、良い所だけ取り入れることができる柔軟性もあります。大きな枠での「目指す理想のGK像」を明確にした中で、必要であればそれぞれが細部にオリジナリティーを持つ。皆がその意識を持つことで、より統一した質の高いレベルでの競争が生まれ、より良い選手が生まれてくると考えています。

ドイツの環境

GKコーチはGK練習後帰宅する

指導者が選手の面倒を何でもかんでも見ない

目指すGK像が明確

自分自身との戦い

精神的にもタフになる

④ 選手とコーチの関係

日本のGKコーチは非常に勤勉で、いろいろな点によく気がつくことができる視点を持っており、そしてキックのレベルも高いと考えています。しかし、だからこそ、選手が自分で考える前から「それはうまくいかない」「無駄な努力だ」といったことにも気がついてしまいます。本来、選手自身が試してみることが大事であるにもかかわらず、その前に口を挟んでしまうことで、まずは選手がやってみたり、自らの肌で感じながら取捨選択をする機会を奪っているように感じます。

ドイツでは、理想のGK像を明確にするものの、あくまでもやるのは指導者ではなく「選手」という図式がしっかりと確立されていました。そのため、必要以上に選手の成長に関わらないようにしていると感じます。日本のGKコーチのほうが、選手を力いっぱいに上から引っ張り上げているのに対して、ドイツの指導者は、背中を押してあげたり、下から持ち上げていくようなイメージです。そして、選手と指導者が対等の関係にあるため、選手は自己主張がしやすく、結果として自立につながっているように感じます。

自分で上に行こうとしない限り、手を差し伸べない。GKコーチが普及してきた今、逆に選手の成長を妨げてしまうようなサポートは考え直すべきでしょう。

ドイツの環境

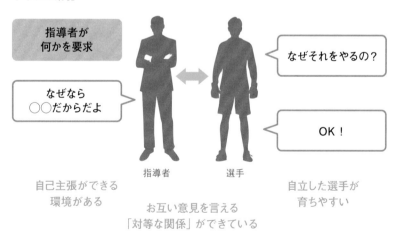

指導者が
何かを要求

なぜなら
○○だからだよ

なぜそれをやるの？

OK！

指導者　　選手

自己主張ができる
環境がある

お互い意見を言える
「対等な関係」ができている

自立した選手が
育ちやすい

選手と対等な関係を築くには

日本で対等な関係を築きにくい要因

なぜ日本では選手と指導者が対等な関係を築きにくいのでしょうか。その要因を考えてみたいと思います。

自立した選手を育成する上で、自己主張できることは非常に重要です。しかし、日本の場合、子どもが大人に対して自分の意見を言うことは簡単ではありません。敬語を覚える頃から、目上の人は偉い、正しいという認識が強くなり、目上の人に対して意見を言わなくなってきます。大人もそうした状況に慣れて、潜在的に当たり前のように感じ、意見を言ってくる年下に対して「生意気だ」という感情を抱いてしまうこともあるでしょう。

つまり、日本は上下関係が自然と生まれてきやすい環境にあるといえます。指導者はまず、そうした日本の環境を認識する必要があるのです。

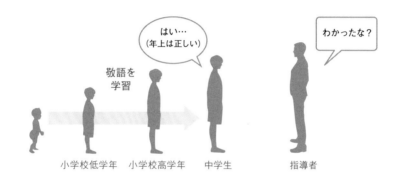

一方通行の関係から双方向の関係に

指導者の役割を再認識する

指導者の役割は、選手の背中を押してあげることであり、選手を前から引っ張ることではありません。

日本の指導者は非常に熱心なところは良いところだと思いますが、中には、指導者のほうが熱心になってしまい、選手が頑張っていないことに対してストレスを感じてしまうケースも多くあります。あくまで選手の背中を押してあげることが役割なんだと意識することが大切です。

信頼関係を築く

前述したように、日本では自然と上下関係が生まれやすい環境にあります。選手を指導する際に生じる上下関係の改善のために、指導者は選手と同じ視点や目線に下りてあげて、選手が意見を言いやすい対等な関係を目指しましょう。

そして、重要なことは、なかなか自分の意見を言いづらい選手であっても、自分の意見を話すようになるまで根気強く待つことです。時間と忍耐が必要になりますが、そこで信頼関係を築くことができれば、選手は自分の思ったことを発言できるようになります（20 ページ参照）。

指導者が求めても、選手が意見を言うことができないのは、本当に意見がないか、もしくは言えない（指導者が距離をつくっている）からだという認識を持つことが大事です。

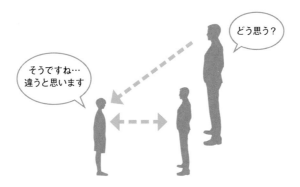

ここまで見てきたように、環境が選手の育成に与える影響・効果は計り知れません。また同時に、「すべての環境を万全に整える」ことが、必ずしも選手のためになるとも限りません。

指導者はまずこうしたことを認識した上で、日本の環境を上手に利用しながら、選手が育つ環境を「意図的」に整備することが必要になるのです。

第**3**章

GKの原則

サッカーという基本的に手の使えない競技において、GKは特別な役割を担っています。世界で戦えるGKを育成するためには、指導者がその役割を理解し、選手に伝えていくことが必要になります。ここでは、GKを目指す選手に知っておいてほしい、【GKの原則】を見ていきましょう。

原則① 試合の勝敗

GKの原則を知るためには、まずサッカーという競技の原則を理解する必要があります。

サッカーという競技は、試合終了のホイッスルが鳴った時点で、

　【相手より得点が多いチームの勝ち】

であり、

　【相手より失点が少ないチームの勝ち】

という原則のもとで成り立っています。

当たり前のことだと思われるかもしれませんが、この大原則を理解することは、GKの原則を理解する上で非常に重要になります。

GKの役割は、相手より失点を少なくすることであり、同時に相手より得点を多くすることでもあります。つまり、自分以外の全員のポジションや状況を把握できる最後尾で、守備組織を整えながら（＝コーチング）、ボールを奪い（＝スペースディフェンス）、ゴールを守り（＝ゴールディフェンス＋1対1）、得点の起点となる（＝ディストリビューション）ことが求められるのです。

原則② GKの役割

試合でのGKの役割は、大きく分けて次の4つです。

　①ボールを奪う（スペースディフェンス）
　②ゴールを守る（ゴールディフェンス＋1対1）
　③得点の起点になる（ディストリビューション）
　④チームの守備組織を整える（コーチング）

① ボールを奪う

→スペースディフェンス

・相手のスルーパスに対するカバーリング

・ディフェンスライン背後へのボールに対するカバーリング

② ゴールを守る

→ゴールディフェンス、1対1

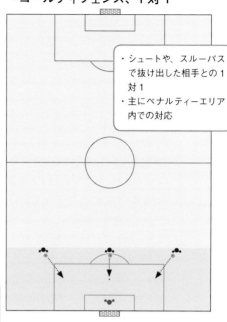

・シュートや、スルーパスで抜け出した相手との1対1
・主にペナルティーエリア内での対応

③ 得点の起点になる

→ディストリビューション

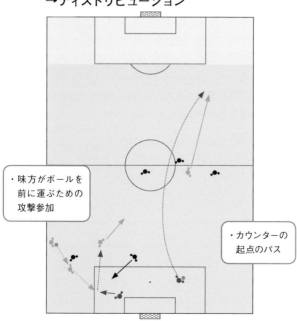

・味方がボールを前に運ぶための攻撃参加

・カウンターの起点のパス

大事なのは、GK も「常にゲームに関わっている」ということです。

GK もしくは味方選手がボールを保持しているときは、チームが得点を奪うために攻撃参加に加わる（＝ディストリビューション）。ボールを奪われ（攻守の切り替え）、守備になったときには、最初はスペースを守ることを意識し（＝スペースディフェンス）、自陣ゴール前で相手がボールを保持しているときにはゴールを守ります（＝ゴールディフェンス）。そして、相手からボールを奪い（攻守の切り替え）、攻撃参加に加わる（＝ディストリビューション）、というサイクルを常に繰り返しています。それぞれの局面における GK の役割を意識する必要があります。

さらに、攻撃しているときにも攻守が切り替わることに備えてスペースを守る準備を、スペースを守ることができない場合はゴールを守る準備を、ゴールを守っているときには攻撃に対する準備も行うことが望ましいです。次の局面に向けた準備も、GK にとっては大事な役割です。次に向けた準備が遅くなったり、おろそかになったりすると、ボールを失ってカウンターを受けた際に慌ててしまうことになったり、ボールを奪った際にはカウンターを仕掛けることができなくなったりしてしまいます。

しかし、GK に最も求められるのは「ゴールを守る」ことです。攻撃に関わることは、現代サッカーにおいて必要不可欠ではありますが、「ゴールを守る」という要素が最優先であることは疑う余地もありません。ゴールを守る前に、攻撃の準備を行うことは、順序が逆だといえます。

また、最後尾に位置する GK は、もうひとつ大事な役割を担っています。それは、チーム戦術に基づいて守備組織を整える役割（＝コーチング）です。相手選手がどこを狙っているのか、味方選手が何に気をつけなくてはならないのか、チームの守備組織がうまく機能しているのかを把握して、声やジェスチャーを用いて改善していかなければなりません。もちろん、ゴール前だけ整えればいいというわけではなく、攻撃中にはカウンターに備えて味方選手に守備の準備をさせる必要があり、セットプレー時も同様に守備組織をつくる必要があります。

チームや監督が変われば、守り方も変化していきます。チームでどのような守備が求められているのかを理解し、味方選手に的確に指示を伝え、味方選手と協力してゴールを守るすべも知っておきましょう。

原則③　試合での局面対応

1　GKの良いポジショニング（目安）

① スペースディフェンス

ディフェンスライン背後の対応

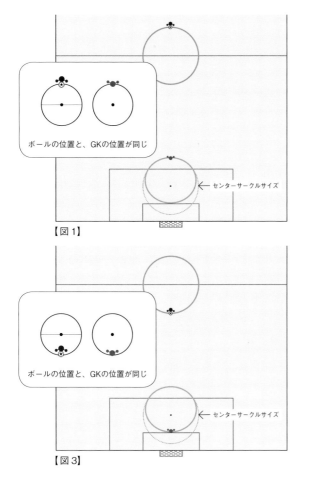

【図1】

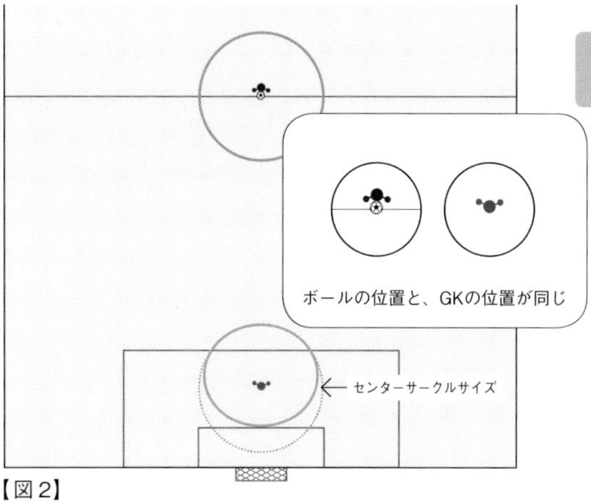

【図3】

【図2】

👍良いポジショニング（目安）

ディフェンスライン背後にボールを出された
ときに、「前を狙った姿勢」でボールに出る
準備ができる。直接シュートを打たれても、
余裕を持って後方に戻って対応できる。

<解説>
センターサークルの線とペナルティーアークの線
を同じと見立てて、ボールとセンターサークルの
位置関係を、ペナルティーアークとGKの位置
関係に置き換えて、ポジションを取りましょう。

GKのポジションが高すぎると、いざディフェンスライン背後にボールを蹴られたときに、ゴール
方向に下がりながら対応しなくてはなりません。下がりながら（動きながら）だと、出るのか・出
ないのかなどの適切な判断を下しにくい状況になります。ポジションを高くすることが、必ずし
も良いポジショニングになるとは限らないことを頭に入れておきましょう。

ディフェンスライン背後の対応

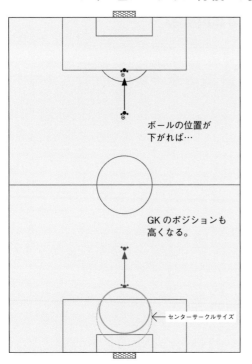

ボールの位置が下がれば…

GKのポジションも高くなる。

← センターサークルサイズ

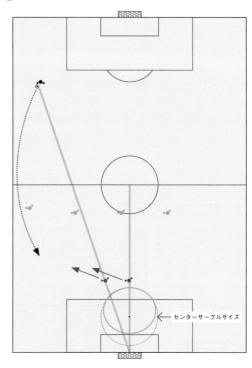

← センターサークルサイズ

ボールがセンターサークルの先端よりも後方（遠く）にあるとき、GKはペナルティーアークの先端よりも前にポジションを取ります。ただし、これはあくまで目安で、その位置は、GKの能力、チーム戦術、相手ボール保持者の状態、相手ボール保持者のキックの飛距離、ディフェンスラインの位置、味方ディフェンス陣のスピードなどの条件によっても変わってきます。

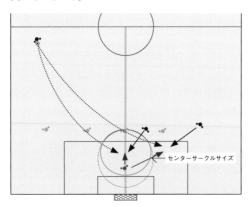

← センターサークルサイズ

ボールが相手陣地にあるときは、基本的には「ボールとゴールの中央を結んだ線上」に立ちます。ディフェンスラインを高く設定している場合、相手ボール保持者はディフェンスラインの背後にボールを蹴る可能性が高くなります。そのとき、GKがペナルティーマークの延長上にいると、ボールまでの距離が遠くなり、カバーが遅れてしまいます。ボールが相手陣地にあるときは、ボールのあるサイド側へポジションを取るようにしましょう。

ボールが自陣にあるときは、GKは基本的に「ペナルティーマークの延長上」に立ちます。クロスボールや逆サイドへのロングボールが甘くなった場合にインターセプトを狙います。しかし、上図のように、縦にボールを入れてくる可能性もあるので、相手ボール保持者や試合の状況によって、ポジションを変える必要もあります。

クロスボールの対応

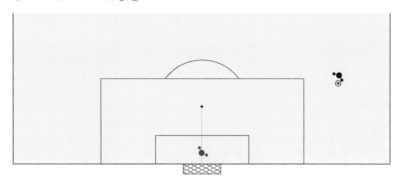

👍 良いポジショニング（目安）

**直接シュートに対応できて、かつ広い範囲を
守れるポジション。最終的に左右へのポジショ
ン修正を極力しないで済む位置にポジション
を取ることが望ましい。**

＜解説＞
一般的にクロスボールに対するポジショニングは、中央よりもややファーサイド
（遠いサイド）にポジションを取るものといわれています。
下の年代のときは、クロスボールの速度が遅く、広い範囲を守るためには、ク
ロスボールに対してより出ていきやすいポジションに立つことが望ましいです。
しかし、上の年代になるほどクロスボールの速度が上がり、GKに奪われる可能
性のある対空時間の長いボールは飛んでこなくなります。つまり、年代によって
クロスボールの速度や質が変わってくるため、GKはその年代によってポジション
を調節していく必要があります。
ニアサイド（近いサイド）にクロスボールを上げられて、GKが出られない場合に
は、相手選手にヘディングシュートをされる可能性があるので、GKはもともと立っ
ていた位置からニアにポジションを修正することになります。つまり、上図の場
合だと、左から右にポジションを修正することになります。すると、GKの左側
（ファーサイド）にボールが向かった場合に、GKは対応しづらくなります。
そうしたことから、クロスボールに対して、一般的にいわれるポジショニングより
もニアにポジションを取るほうが大きく左右にポジションを修正することが少なく
なり、シュートに対して構えやすくなります。

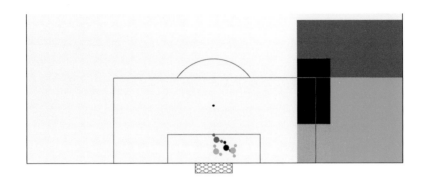

上図は、エリアを4つに分け、それぞれのエリアに対する良いポジショニングの目安を示しています。

基本的な考え方として、ボールの位置がゴールから離れている（高い位置にある）ときは、より高いポジションを取り、スペースを守りましょう。ボールがサイド側にあればあるほど、中央寄りにポジションを取り、ファーサイドも広く守れるようにしましょう。

一方、ボールがペナルティーエリアのライン付近にあるときは、ゴールまでの距離が近いため、ニアに蹴られた場合にポジション修正をする時間が短くなります。中央寄りにいるとスピードを上げてニアサイドにポジション修正しなければならず、移動した方向の逆方向への対応が難しくなってしまいます。ボールがペナルティーエリアのライン付近にあるときは、ニアに蹴られてもポジション修正をしないで済むよう、ニア方向にポジションを取りましょう。

ただし、ニアにポジションを取るにせよ、中央寄りにポジションを取るにせよ、どちらかのエリアへの対応がしづらくなります。このエリアに限ったことではありませんが、相手のボールの持ち方や身体の向き、味方選手のプレッシャーの具合によって、最適なポジショニングは変わってきます。それぞれのメリット・デメリットを踏まえ、何を選択するのかを決めていきましょう。

② ゴールディフェンス

左右のポジショニング

👍 良いポジショニング（目安）

　ボールと両ゴールポストを線で結んで三角形を
つくり、二等分した線上にポジションを取る。

＜解説＞

最も良いポジションに立つ練習方法として、両ポストとボールを（ひもなどで）
結んで、でき上がった三角形を二等分した線上に立ちましょう。しかし試合中は、
ひもなどはついていません。初期段階ではひもなどを用いて、正しいポジショニ
ングに立ったあと、その位置から「ポスト」と「ペナルティーマーク」との距離感
をつかんでいきましょう。目指す最終段階としては、ボールを見るだけで正しい
ポジショニングに立てることです。間接視野で「ポスト」や「ペナルティーマーク」
を見ながら、時間があるときに「ポスト」と「ペナルティーマーク」をしっかり見て、
自分の立っているポジションを確認、修正できるようにしましょう。

前後のポジショニング

👍 良いポジショニング（目安）

　両ゴールポストを結んだ半円上にポジションを
取る（最大で 2.5 メートルまで前に出る）。

<解説>

従来は、相手にループシュートをされても対応できるまで間合いを詰めるという考え方でしたが、距離を詰めるよりも、反応時間を稼ぐことを優先する考え方もあります。シュートに対してタイミングを取り、地面に足が着いたときにはボールはすでにゴールに向かって飛んでいます（"タイミング"については63ページ参照）。距離を詰めることにより、足が地面に着いていないことで、逆にシュートに対して対応できない可能性もあります。

速いシュートに対しては、「足を運ぶ」時間も限られるので、できるだけ素早く、その場でシュートに対してダイビングする必要があります。ダイビングして倒れる際は、ポストよりも前に倒れましょう。ポストの後ろに倒れてしまうと、思い切って跳ぶことができず、さらに、ポストに激突してケガをする可能性もあります。

簡易的なポジショニング理解法

【簡易的なポジショニング理解】

ある程度良いポジショニングを理解する方法として、ゴールライン中央の1メートル後方にコーンを置き、ボールとコーンを結んだ線上に立ちましょう。ボールと両ポストを結んだ三角形を二等分した線上に立つ方法よりも、簡易的、かつピッチ上に物を置かなくても確認ができるメリットもあります。

【デメリット】

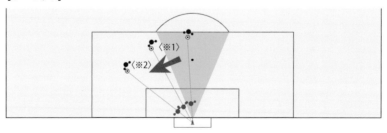

ただ、この理解法にはデメリットもあります。コーンを目安にポジションを取った場合、ペナルティーアークの外に行けば行くほど、ニアのポジションが空いてくることです。指導者も選手も、このデメリットを理解した上でポジションを取る必要があります。

（図で見ると、GKのポジションの左右の均等さを見た場合、〈※1〉よりも〈※2〉のほうがニアが空くことになる）

③ ディストリビューション

味方選手からパスを受けるとき

👍 良いポジショニング（目安）

プレッシャーをかけてきそうな相手からできるだけ距離を取り、かつ味方が安心してパスを出せる位置にポジションを取る。

＜解説＞

味方の選手がGKにパスを出そうとしているとき、GKは相手からプレッシャーを受けても前を向いて味方にパスできる位置に立ちましょう。またその際には、味方選手のパスミスが直接ゴール方向に来る場合もあるので注意しましょう。

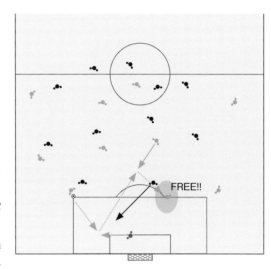

GKが相手選手からプレッシャーを受けているとき

👍 良いポジショニング（目安）

相手選手のプレッシャーを把握しつつ、味方にパスできるような位置と身体の向きを意識しながらポジションを取る。

＜解説＞

味方の選手がGKにパスを出そうとしているときに、GKはどの相手選手からプレッシャーを受ける（受けそう）か、フリーになりそうな味方選手がどこにいるかの2点を把握した上で、味方にパスを出せるポジションを取ることが必要です。

味方選手が GK の位置を確認できていないとき

👍 良いポジショニング（目安）

失点しないことを最優先にポジションを取る。

＜解説＞

ボールを保持している味方選手は、GK の位置を確認できずにパスを出す場合があります。さらに、そのボールが直接ゴール方向に向かってくる可能性もあります。GK がゴールマウスを外したポジション取りをすることで、失点する可能性があることを意識しましょう。味方選手とコミュニケーションが取れていない場合は、まずは失点しないことを最優先にしたポジションを取りましょう。

2 GKの良い準備

GKは試合の中で常に、次に起こることに対して準備をしておくことで、次のプレーが成功につながる可能性が高くなります。では、「GKの良い準備」とは、どういう状態を指すのでしょうか?

良い準備のためには、把握しておくべきものがあります。それは次の3点です。

　　〇ボールの位置
　　〇ゴールの位置
　　〇ゴール前の状況（相手選手・味方選手の人数、位置、状態、動き）

つまり、「良い準備」とは、

[ボールの位置]［ゴールの位置]［ゴール前の状況]を把握しながら、前を狙った状態でい続けること

を指します。それでは、「良い準備」は、"いつ"すればいいのでしょうか?
信号の色に例えて考えていきましょう。

赤→危険な状態（自陣で相手がシュートを打てる状態）
青→安全な状態（主に相手陣地にボールがあり、
　　　味方がボールを持っているとき）
黄→そのどちらでもないとき

"黄色信号"のときに、「安全だろう」と思うか、それとも「危険かも」と思うかで、次の準備がまったく違うものになります。具体的なケースで見ていきましょう。

ケース 1

相手陣地で、味方の中盤の選手がサイドにボールを展開しようとしてパスを出したら、相手 DF にカットされて、そのまま相手 FW にパスが渡った。

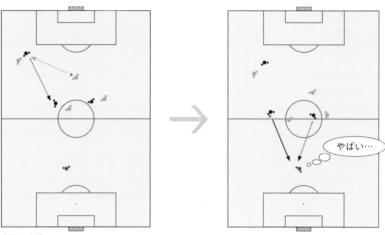

（悪い例）

GK が高くポジションを取っている場合、相手 FW にボールが渡ったときには直接シュートされる危険性が高まるため、急いでゴール方向に下がらなくてはいけなくなります。急いでゴール方向に戻ると、ゴール前の状況確認ができなくなります。時間に余裕がないとゴール前の状況を確認できません。ゴール前の状況を確認できていないと、次に相手が何を選択するのかの予測が不十分になるために、「良い準備ができていない」と考えます。

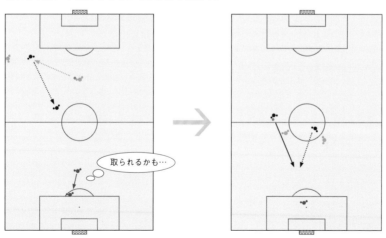

（良い例）

もし、相手陣地で、味方の中盤の選手がサイドにボールを展開しようとしたとき

に、「次のボールを奪われるかもしれない」と考えて、少しだけ後方にポジション修正をしていれば……

相手FWにボールが渡って前を向いたときには、GKはすでにある程度ポジションを後方に下げることができているため、急いで後方に戻らなくて良くなります。スピードを上げてポジション修正する必要がなくなることで時間に余裕ができ、ゴール前の状況確認ができるようになり、より質の高い判断、より質の良い対応ができる可能性が高くなります。

つまり、"黄色信号"のときにGKがどういう準備をしているかで、いざ本当にボールを取られたときの判断・対応の質が良くなります。

 ケース2

自陣ゴール前で、相手のスルーパスをインターセプトした味方DFがフリーでボールを持っている。

このケースは、信号の色でいえば、赤信号から青信号に変わった瞬間だといえます。ボールを持っている味方DFは一時的にフリーですが、「パスミスするかもしれない」「バックパスが来るかもしれない」と黄色信号の準備をするか、それとも「前線にボールを蹴るだろう」と考えて青信号のままでいるのか。

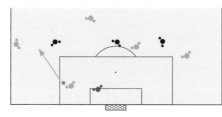

（悪い例）
前線のFWにパスしようとしたボールがキックミスで再び近くの相手選手に奪われてしまいました。GKはボールを奪われると考えていなかったため、慌てて守備の準備を開始しようとしますが、［ボールの位置］［ゴールの位置］［ゴール前の状況］を把握し、（可能な限り）止まった状態で準備できるでしょうか？

まったく時間がなければ、ゴールの位置を確認して自分がどこに立っているのかを見ることができず、ゴール前の状況も確認することができません。次への予測が不十分なまま対応することになり、良い準備はできていないことになります。

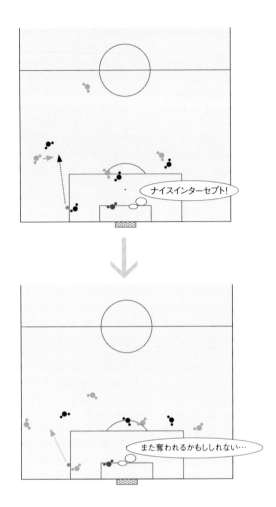

（良い例）
もし、「再び奪われるかもしれない」と準備していたら……

味方選手がボールを奪った瞬間、相手からのプレッシャーが来ていない時間があります。そのときに［ゴールの位置］を見て自分の立ち位置を確認し、［ゴール前の状況（相手・味方選手の人数と位置）］を把握しておけば、実際に相手にボールを奪われたときにも慌てずに、「良い準備」ができている状態でその局面に対応できます。
仮にバックパスが来たとしても、そこで初めてゴール前の状況を把握しなくて良く、また味方選手や相手選手がどこにいるのかを把握しているため、より落ち着いて次のプレーができる可能性が高くなります。

3 GKのプレジャンプ（タイミング）

GKについて語る際、「プレジャンプ（タイミング）」についての議論が多くなされます。

プレジャンプ（タイミング）は、ボール方向に素早く移動するために必要な動作です。ただし、プレジャンプをして、地面に足が着くタイミングが合わないことで、逆に移動が遅くなる選手も多くいることから、タイミングを取ることを禁止している指導者もいます。ただし、ゴール幅（7.32メートル）が短くならない限りは移動が必要になるので、プレジャンプを禁止するのでなく、タイミングが合わないことを修正するほうが正しいのではないでしょうか。

しかし、シュートコースが狭くなればなるほど、横方向への移動がなくなっていくので、プレジャンプが必要なくなっていきます。角度のない場所からのシュートはもちろん、近距離からのシュートも、時間的に反応してから跳ぶことはできず、移動する時間もないので、プレジャンプの必要性が少なくなっていきます。角度と距離を踏まえて、どの位置や角度ではプレジャンプが必要か、今一度整理していきましょう。

なぜタイミングは必要なのか

GK から見て左方向にボールが来る場合のタイミング

人間が前後左右に動く際には、必ず一度、移動する方向の逆方向に足を着き、その足を支えとして2歩目で移動方向に移動します。シュートモーションに対してタイミングを取り、ボールが来る方向がまだわからないときには両足は空中にあり、方向がわかったときに、その方向の逆の足がまず地面に着き、2歩目でボール方向に移動します。つまり、移動が求められるボールが飛んできたときは、最初に足での支えが必要であるために、タイミングを取る必要があるのです。

ボール保持者がシュートを打つまで、ボールがどこに飛んでくるのかは（ある程度の予測はできたとしても）わかりません。左方向にボールが飛んできたときには右足を、右方向にボールが飛んできたときには左足を着く必要があり、その準備としていったん身体をニュートラルな状態にするためにタイミングは必要なのです。

それでは、GK にとって、どの角度、どの距離でタイミングを取る必要があるのでしょうか？

タイミングが必要な角度と不要な角度

タイミングを取る必要がある角度について、3つのゾーンに分けて見ていきましょう。

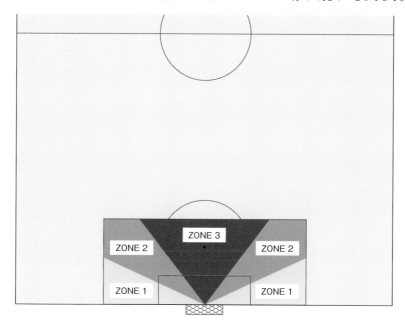

ZONE1：角度がないため、跳んだり倒れたりする必要がない。つまり、タイミングを取る必要がない

ZONE2：角度は広くないため、コラプシング（足を払って倒れる）で守れる。足を払うためにタイミングを取る必要がある

ZONE3：シュートコースが広く、ダイビングが必要な角度であるため、タイミングを取る必要がある

タイミングが必要な距離と不要な距離

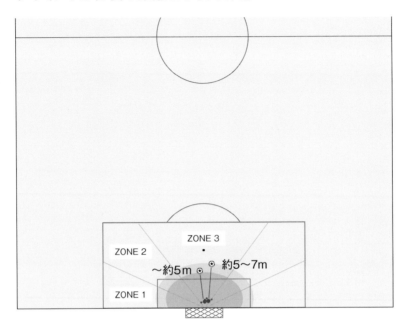

GKの能力にもよるため一概には言えませんが、ボールとGKの距離が近い（約5メートル以内）場合、よほど速度のないシュートを除き、自分の手を広げた範囲を守るぐらいしかできないでしょう。それを超える範囲のボールに対して、身体を移動させてダイビングできる時間がありません。つまり、距離が近い場合にはタイミングを取る必要がなくなります。しっかりと両足を地面に着けて構えたほうが、手の届く範囲のボールに関しては守れる可能性がより高くなります。

一方、約5〜7メートルの距離の場合、タイミングを取れば、手の届く範囲より守れる範囲が若干広くなります。ただし、少しでもタイミングが遅れれば、手の届く範囲すら守れなくなってしまいます。タイミングが合わないようであれば、タイミングを取らず、両手の届く範囲をまずしっかりと守り、最終目標としては、タイミングを取ってより広い範囲を守れるようにしましょう。

つまり、ZONE2やZONE3でも、ボールとの距離が5メートル以内であればタイミングを取る必要がなく、距離が遠くなるにつれてタイミングを取る必要性が出てきます。

GKに求められる
能力・要素

GKにはさまざまな能力や要素が求められます。具体的には、次の5つに分類することができます。そのひとつひとつの質が高いほど、試合でのパフォーマンスに良い影響を与えます。

① 運動神経
② 認知・予測力
③ メンタル
④ リーダーシップ
⑤ フィジカル

---

① 運動神経

運動神経は主に7つに分けることができます。それぞれ身体が持っている能力を生かすための重要な要素です。詳しく見ていきましょう。

1 リズム

タイミングを上手につかみ、リズミカルに動ける能力

GKにおける「リズム」とは、
○キッカーのキックにタイミングを取って身体を動かす
○ボールの軌道、飛距離にステップを合わせて移動する
○バウンドしているボールにタイミングを合わせてキャッチする、または蹴る
といった動作に関連します。
タイミングを上手につかみ、リズミカルに身体を動かすことで、シュートをセーブしたり、クロスボールをキャッチしたりする正確性や守備範囲の拡大に影響を与えます。

2 反射神経

刺激や合図などに対して、瞬間的に反応する能力

GKが最も反射神経を求められるのはシュートをセーブするときで、ゴールを守るために最も必要な能力になります。
入ったと思われるシュートをGKが片手一本でセーブするようなシーンは、スタジ

アムが最も盛り上がりを見せる瞬間のひとつです。GKの抜群の反射神経で決定機を阻止してヒーローになるためにも、GKにとって必要な要素になります。

3　定位（空間認知）

対象物と自分の位置関係を正しく把握して認識する能力
敵や味方の距離感をきちんと見極め、空間把握を行う能力

GKにとっては、特にスペースを守る際に必要になる能力です。
GKは、ディフェンスラインの背後をカバーする際、自分が先にボールに触れるのか、あるいは相手選手や味方DFのほうが先か、瞬時に見極めて、判断し、実行する必要があります。また、クロスボールに対応する際は、落下地点の見極めが悪いと、キャッチミスをしたり、ゴールを空けて飛び出してもボールに触れられなければ失点の可能性が高くなるため、正しく空間把握を行うことが求められます。

4　分化（身体操作）

手足を思いどおりにきめ細やかに使いながら、
身体を思いどおりに操作する能力

いくら反応（反射神経）が早くても、そのシュートの到達点に身体の部位を正確に持っていけなければ、ボールに触れたとしてもゴールを決められてしまう可能性が高くなります。自分の思い描いたとおりに腕や足など身体を動かせること、または途中でシュートの軌道が変化した場合でも身体を臨機応変に動かすことで、決定機を阻止できる可能性が広がります。

5　柔軟性

筋肉と腱を伸ばし関節の可動域を広げ、
しなやかに身体を動かす能力

例えば体操の選手は、自身の筋肉の伸縮と身体の部位の可動範囲を最大限に生かして、ダイナミックな動きを連続させています。GKも同様に、筋肉の伸縮と身体の部位の可動範囲を存分に生かすことにより、腕や足がボール1〜2個

分伸びたりすることが可能になります。

また柔軟性があることによって、思いがけない地面への接地や、人や物への接触によるケガの防止につながることもあるので、GKにとって非常に大事な能力だといえます。

6 　連結

上半身、下半身、体幹といったパーツを連結させて
スムーズに動かす能力

例えば、シュートをセーブする場合、「足」を運んでボールに近寄り、「腰」を低くして高さを調節し、「腕」でボールをキャッチするように、GKの一連の動作は連動しています。どこかひとつでも動作が鈍いと、最終的に動作に安定感がなくなります。身体のパーツをスムーズに連動させることは、GKにとってあらゆる場面において重要な能力だといえるでしょう。

7 　変換

変化する状況に巧みに対応しながら、
動きをスピーディーかつ正確に切り替える能力
どのような状況下でも姿勢と重心を正しく保ち、
変化に対応する能力

例えば、シュートを打たれてGKがどちらかの方向に跳ぼうとしているときに、ボールが味方のDFに当たって軌道が変わった場合、GKは変化に対応し、素早く足を運び直す必要があります。特にゴール前では相手や味方が混在している状況で、シュートが誰かに当たってボールのコースが変わったり、ボールの回転が変化したりする可能性も多くあります。GKはその変化に柔軟に対応する必要があります。

② 認知・予測

認知とは、外界にある対象を知覚した上で、状況を判断・解釈することであり、予測とは、認知した結果に対して、このあとで何が起こり得るのか、どのような状況になり得るのかを推測することです。

GK は、ボールを見て、次に起こることに準備しなければなりませんが、ゴール前の状況（相手選手・味方選手の人数、位置、状態、動き）を把握することで、次のプレーの計算が立ちやすくなります。

ゴール前の状況を把握するためには、ボールから目を離さなければいけませんが、ボールから目を離している時間が長ければ、その分だけボール保持者の状況を把握できなくなるので、危険性が増してしまいます。GK はできる限りボールから目を離している時間を短くした上で、ゴール前の状況を把握し、次に何が起こりそうなのかを予測できるようにしましょう。

③ メンタル

「サッカーはメンタルのスポーツ」ともいわれるように、精神面はプレーに影響を及ぼします。特に GK の場合は、ミスが失点に直結するポジションでもあり、また大舞台になればなるほどかかるプレッシャーや責任は大きくなり、精神的な強さや安定が求められます。GK が不安な表情をしたり、自信のない声を出したりしていれば、チーム全体にその雰囲気が伝わってしまう可能性も高くなります。試合に出られないサブの GK や、ベンチに入れない GK も精神的な強さが求められます。試合に出られないことに対して不満の態度を出したり、チームやグループの輪を乱すような振る舞いをしたりすれば、自分自身の信頼度を下げることにもつながり、チームの結束力も低下しかねません。そんな状況の中でも、チームの勝利のために振る舞う精神面も求められます。

メンタルは形として目に見えるものではありません。もともと精神的に強く、大舞台になればなるほど自信のある振る舞いができる選手もいれば、そうでない人もいます。そうでない人は訓練する必要があります。

④ リーダーシップ

GKには、強いリーダーシップが必要です。チームが劣勢に立たされている場面では、とりわけGKの存在がものをいいます。「最後はあいつがいるから大丈夫」などと信頼を寄せられるようなGKであれば、守備陣はGKの指示を信頼して聞き、自信を持ってプレーでき、身体を張ることも可能になります。

一方、GKが頼りなければ味方選手は不安になり、自信を持ってプレーができない可能性が高くなります。

リーダーシップの取り方はさまざまです。大きな声と大きなリアクションで味方を鼓舞するGKもいれば、静かに淡々とゴールを守るGKもいて、どちらもリーダーシップがあるといえます。大事なことは味方に安心感を与え、そして信頼されることです。

ピッチ上の11人で唯一、色の違うユニフォームを着ている、手にグローブをはめている、特殊なスーツを身にまとっているのは、GKだけだということを理解する必要があります。

⑤ フィジカル

フィジカル（身体能力）は、身体に備わっている能力のことを指します。例えば、GKにとって瞬発力はさまざまな局面で勝敗を大きく左右します。シュートを止めるときは、瞬発的なダイビングの飛距離が長ければボールに手が届きゴールを守れる可能性が高くなりますが、飛距離が短ければボールに手が届かずに失点する可能性が高くなります。

もともと持っている身体能力を劇的に変化させることは難しいですが、トレーニングによってある程度は高めていくことができます。

身体能力が発揮される主な場面		
セービング	→	ジャンプ力
ハイボールへの対応	→	ジャンプ力・パンチ力
ボールへのアプローチ	→	ダッシュ力
キックを遠くに飛ばす	→	脚力
スローイングを遠くに投げる	→	腕力

大舞台で精神的な強さを
発揮するには？

人によって物事のとらえ方がさまざまなので、一概にこれが正しいとは言えませんが、大舞台でも精神的な強さを発揮するための簡易的な方法としては、まずは「自分が何に恐怖を感じたり、どういうときに不安を感じるのか」を知ることが大事になります。

例えば、「本番でクロスボールに出るのが不安になってしまう」のであれば、普段のトレーニングや練習試合でも積極的に飛び出してみましょう。まずはチャレンジしようとした自分を褒め、チャレンジした自分を褒め、一回でも成功につながれば自分を褒め、成功につながる回数が増えれば自信を持ち……といった具合に、できることを少しずつ多くしていくのもひとつの方法だと思います。

また、基本的には誰だって試合には出たいものでしょう。しかし、もし試合に出られない時期が続くのであれば、「これは精神的に強くなるチャンス」ととらえて、試合に出ることを目標としつつも、自分が定めた期間を「成長の時間」ととらえて、我慢強く過ごしてみるのもひとつの方法です。

何事も、考え方によっては成長につなげることができます。自分の心や気持ちと相談し、できるようであれば身近にいる仲間や家族にも相談しながら、無理のない程度に自分で期間を決め取り組んでいくこともひとつの方法だと思います。

身体の機能を知ろう

プロの GK はどんなトレーニングをしていると想像しますか？　おそらく多くの方が、たくさん跳んで、ひたすらダイビングをして……を繰り返し行い、きつい練習ばかりしている印象を持っているのではないかと思います。

ダイビングの練習量を数多くこなせば失点を防げるのであれば、たくさんダイビング練習をしたほうが効果的だと思いますが、練習量を多くこなす＝失点を防ぐ、というわけではありません。まず、身体をどのように動かせばスムーズな動きができるかを知ることが大事です。どこに飛んでくるか事前にわからないボールに対して、自分が実際にどのように身体を動かしているのかを知らなければ、どれだけ負荷をかけて数多くトレーニングを行ったとしても、実際にシュートを止められる改善策にはならないでしょう。

ゴールを入れられるのは、反射神経が悪いからではなく、構え方や、本来人が持っている身体の機能を正しく使っていないことが原因になっていることは多くあります。
実際によくある問題に対して、どんな原因が考えられるのか見ていきましょう。

問題　シュートを打たれると、なぜか簡単にゴールに入ってしまう、見送ってしまう。

【原因として考えられること】
①正しい順番で足が地面に着いていない。
②膝の向きが悪い。

遠いほうの足から地面に着くはずなのに、ボールサイドの足が先に地面に着いてしまっています。

問題　遠くのボールに手が届かない、腕が伸びない。

【原因として考えられること】
①肩甲骨の機能を使いこなしていない。
②腕の出し方が悪い。

両腕を伸ばすよりも片腕だけを伸ばしたほうがより遠くまで手が届きます。さらにその手を遠くに伸ばすためには、伸ばした手の方向に顔を持っていき（近づけ）ます。そうすることで肩甲骨の可動域が広がりさらに腕が伸びます。また、意識的に反対の腕も伸ばし、手と手の距離を最大限に広げることでも腕をさらに伸ばすことができます。

問題　遠くに跳べない。

【原因として考えられること】
①筋肉の伸縮機能を使えていない。
②上半身と下半身を連動させられていない。

ダイビングを簡単に説明すると、まず膝を曲げて身体を低くし（深く沈む必要はありません）、もも前の筋肉を使って踏ん張り、最後はお尻の筋肉を使って跳びます。構えが高いGKは、シュートを打たれてから膝を曲げていることが多く、膝を曲げたときにはすでにボールが飛んできていることがあり、そのあとの動作に遅れが生じて遠くに跳べないケースが見受けられます。

4

GKに求められる能力・要素

問題　頭上のボールに手が届かない。

【原因として考えられること】
①姿勢が悪い。
②骨盤が立っていない。

写真の場合、右足を後方に向けて半身の姿勢を取った際に、右の肩が下がってしまう（身体が沈んでしまう）と、左手を出したときに肩が下がってしまった分だけ高さを稼げなくなります。そのため、頭上のボールまでの距離が遠くなり、手を伸ばしても届かないケースが見受けられます。
頭上のボールに手が届かない場合は、後方に足を出した際、または腕を伸ばそうとした際に、肩が下がっていないかを確認してみましょう。

第 5 章

GKの技術・戦術と
トレーニング方法

ここからは、具体的に GK の技術・戦術に則ったトレーニング方法と計画を見ていきましょう。

① トレーニングの目的

トレーニングの最終目的は、ゲームパフォーマンスを上げることです。
そのためには、下図の 4 項目を磨く必要があります。また、その過程で、自然と自信や安心感も得ることができます。しかし、この自信や安心感は目に見えるものではなく、また、得ていないことが悪いわけでもありません。最終的に【ゲームパフォーマンスを上げる】という目標が達成できているかどうかが大事です。

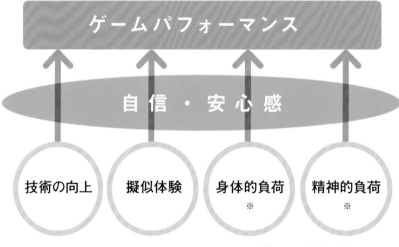

※年代によって必要性の有無がある

技術の向上

一般的に「技術」とは、社会の各分野において、何らかの目的を達成するために用いられる手段・手法だといえます。GKの技術とは、ボールを奪う、ゴールを守る、得点の起点になる、という目標を達成するために用いられる手段・手法のことを指します。

擬似体験

試合で起こり得る状況、または試合に似た状況をトレーニングの中でつくり出すことで、試合では自分の想定内の状況として慌てずにプレーできる可能性が高くなります

身体的負荷

身体に負荷をかけジャンプ力やスピードなど、フィジカル（身体能力）を向上させます。例えば、クロスボールが上がった際に相手選手とのコンタクトで負けない強靭な身体に鍛えることや、一瞬の爆発的なダイビングのために下半身の強化に努めることもそのひとつです。身体能力の向上に伴い、精神的にも充実感や達成感を持たせることができます。

精神的負荷

極度の緊張感の中でも自律した状態を維持し続けられるかが、試合のパフォーマンスに大きな影響を与えます。精神的な強さにより、普段以上のパフォーマンスを発揮することもあります。身体を鍛えるとともに、日頃から精神面（メンタル）を鍛えておくことも重要になります。

トレーニングを行う際に、着目すべき点は【判断の質】です。技術は反復によって身につきますが、練習のための練習になっていては、最終目的である【ゲームパフォーマンスを上げる】ことにつながりません。【判断の質】が磨かれるトレーニングになっているかに注意しましょう。

【1対1】での具体例

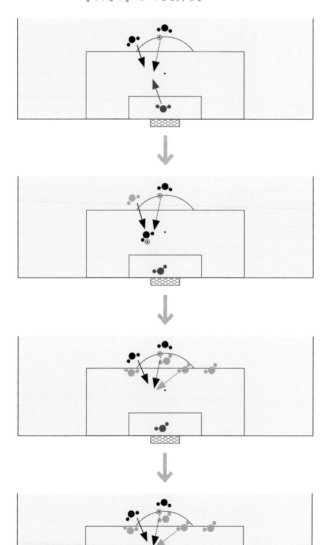

試合の中で、相手選手と1対1の状況で十分に間合いを詰められないとき、「行かない」という判断をすることも必要になります。しかし、トレーニング環境によっては、「行かない」という判断をするトレーニングをしづらい場合があります。

もし、トレーニングでGKが「行かない」という判断をした場合、FW役のGKは、簡単にゴールを決めることができます。しかしそれでは、"冷めた"トレーニングになってしまい、トレーニングが成り立たなくなってしまうと考えて、「行かない」という選択肢を入れづらくなってしまいます。

実際の試合では、味方DFが戻りながら相手選手にプレッシャーをかけることで、DFがクリアーしたり、プレッシャーによってシュートコースが甘くなることがあります。つまり、GKが「行かない」ことで防げる場面も数多くあります。

どういう状況だったら「行く」のか、「行かない」のか、トレーニングで判断の質を上げていかなければ、どんな状況でも前に出ていってしまい、その中で判断することになります。その結果、ミスや失点につながってしまうことが多くなります。

【クロス】での具体例

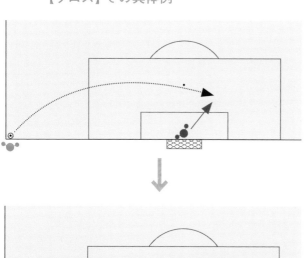

練習では GK コーチがボールを蹴ることも多いですが、コーチがボールを蹴ると GK の動きを十分に見ることができません。選手には守備範囲の拡大を要求しますが、GK がキックより先に動くことによって広い範囲を守れているとしたら、それは練習のための練習になってしまいます。しかし、GK コーチがボールを蹴ると、GK が先に動いているかなど細かいところまで確認することができません。

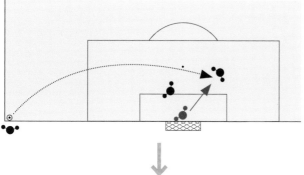

実際の試合では、ニアサイドにボールが来る可能性もあり、キックより先にファーサイドに動いてしまえば、ニアで合わされて失点してしまうこともあります。ニアを気にしていると、練習では行けていたファーのボールに届かなくなり、ボールに触れずに失点してしまうようになります。

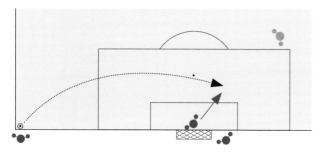

大事なことは、コーチが GK の動きを見ることです。先に動いていないか、1 歩目は正しく出ているかなど、GK コーチがボールを蹴る、蹴らないにかかわらず、見逃してはいけないポイントです。

② 育成時期の分類と目的

10歳から18歳までの9年間は、大きく5つの時期に分類することができます。

運動神経習得時期 (U-10)：
　さまざまな球技スポーツや運動、動作を行うことで、思いどおりに身体を動かしたり、柔軟な動きを最も習得しやすい時期です。

基礎技術習得時期 (U-11 ～ U-12)：
　GKとしてのプレーを行う上での技術や戦術を初めから身につけていく時期です。

基礎技術発揮時期 (U-13 ～ U-159)：
　基礎技術習得時期に身につけた技術や戦術を試合の中で発揮していく時期です。

実力（応用技術）発揮時期 (U-16 ～ U-17)：
　試合で起こり得る難しい局面を想定しながら、実力（応用技術）を試合の中で発揮していく時期です。

完成時期 (U-18)：
　これまで身につけたすべての要素を試合で発揮していく時期です。

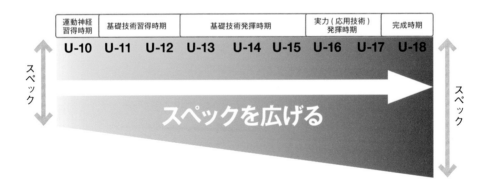

週間トレーニング計画の目安

日本では週末に試合があり、月曜日はオフになることが多いため、下の週間トレーニング計画（目安）でも、月曜日をオフとしています。各年代で要素獲得に必要な日数と、身体的な負荷を考えた場合、ユース年代では週4日もしくは5日のトレーニングと1回の試合のサイクルで動く流れが理想です。

しかし、負荷やケガを考慮し、練習日数を減らす選択肢も持ちましょう。年代が下がるほど心身への負荷やケガのリスクもあるため、サッカー以外の時間や、平日にもう1日のオフをつくり、心身ともにリフレッシュする時間を設けるのです。

以下の週間トレーニング計画は、チームによってそれぞれ環境が異なるため、あくまで目安として記載しています。

週間トレーニング計画の目安

トレーニング		月	火	水	木	金	土	日	トレーニング日数	試合日数
ユース	U-18	OFF	トレーニング	トレーニング	トレーニング	トレーニング	トレーニング／試合	試合	5	1
	U-17	OFF	トレーニング	トレーニング	トレーニング	トレーニング	トレーニング／試合	試合	5	1
	U-16	OFF	トレーニング	トレーニング	トレーニング	トレーニング	トレーニング／試合	試合	5	1
ジュニアユース	U-15	OFF	トレーニング	トレーニング	OFF	トレーニング	トレーニング／試合	試合	4	1
	U-14	OFF	トレーニング	トレーニング	OFF	トレーニング	トレーニング／試合	試合	4	1
	U-13	OFF	トレーニング	トレーニング	OFF	トレーニング	試合	OFF	3	1
ジュニア	U-12	OFF	トレーニング	トレーニング	OFF	トレーニング	試合	OFF	3	1
	U-11	OFF	トレーニング	トレーニング	OFF	トレーニング	試合	OFF	3	1
	U-10	OFF	トレーニング	トレーニング	OFF	トレーニング	試合	OFF	3	1

ジュニア年代では、GKの専門的なトレーニングよりも、フィールドプレーヤーと一緒になってフィールドプレーヤーの技術や個人戦術、さまざまな動きを身につけていきます。年代が上がるにつれてGKの練習時間を増やし、専門的な動きを身につけていきましょう。

以下のチームトレーニング時間（GKトレーニング時間）は、あくまで目安として記載しています。

チームトレーニング時間（GKトレーニング時間）の目安

トレーニング		月	火	水	木	金	土	日	チームトレーニング合計時間	GKトレーニング合計時間
ユース	U-18	OFF	90(60)	90(45)	90(30)	90(30)	60(30)	試合	420	195
	U-17	OFF	90(60)	90(45)	90(30)	90(30)	60(30)	試合	420	195
	U-16	OFF	90(60)	90(45)	90(30)	90(30)	60(30)	試合	420	195
ジュニアユース	U-15	OFF	90(60)	90(45)	OFF	90(30)	60(30)	試合	330	165
	U-14	OFF	90(60)	90(45)	OFF	90(30)	60(30)	試合	330	165
	U-13	OFF	90(60)	90(45)	OFF	90(30)	試合	OFF	270	135
ジュニア	U-12	OFF	90(60)	90(−)	OFF	90(30)	試合	OFF	270	90
	U-11	OFF	90(60)	90(−)	OFF	90(30)	試合	OFF	270	90
	U-10	OFF	90(−)	90(30)	OFF	90(30)	試合	OFF	270	60

5

GKの技術・戦術とトレーニング方法

③ トレーニングの計画と方法

GK に必要な技術・戦術は、下記の 4 つに分けることができます。

①スペースディフェンス
②ゴールディフェンス
③1 対 1
④ディストリビューション

「GK が勝利に貢献した」といわれる試合は、この 4 つの要素のいずれかのプレーによって貢献したものだといえます。これらの要素を磨き、精度を高めていくことで、チームの勝利により大きく貢献することにつながっていきます。

ボールを奪いに行くスペースディフェンス、ゴールを守るゴールディフェンスや 1 対1での場面で決定機を阻止することはもちろんのこと、最近では、エデルソン(マンチェスター・シティ／イングランド) や、西川周作選手 (浦和レッズ)、高丘陽平選手 (横浜 F・マリノス)、朴一圭選手 (サガン鳥栖) のように、攻撃の起点となる高精度のキック (ディストリビューション) により得点に関与しています。この 4 つの要素に磨きをかけ、チームの勝利に貢献できるように取り組んでいきましょう。

ここからは、これらの 4 要素をさらに細かく見ていきます。

1 スペースディフェンス

シュートを打たれる前にボールを奪うことができれば、相手の攻撃の芽をつみ、失点の可能性がなくなります。ここでいうスペースディフェンスとは、ディフェンスライン背後のカバーリングと、クロスボールの守備のことを指します。

味方のディフェンスラインが高ければ、GK はディフェンスラインの背後を広く守ることが求められます。サイドからのクロスに対してもスペースを広く守ることができれば、味方はラインを下げずに相手ゴールに近い位置で攻撃することができるので、チームにとって非常に助かります。

しかし、スペースディフェンスは、技術的な要素のほかに戦術的な要素が多く含まれており、賢さが求められます。味方選手や相手選手の位置の把握、味方との連携、自分が出ていくのか味方に任せるかなど、短時間で最適な判断を下して実行しなければなりません。そのため、プロ選手でもミスから失点することがあります。

技術的、戦術的要素を理解した上で計画的にトレーニングしていきましょう。ここでは 5 つのプレーに分けて説明していきます。

トレーニング開始時期

		運動神経習得時期	基礎技術習得時期		基礎技術発揮時期			実力(応用技術)発揮時期		完成時期
		U-10	U-11	U-12	U-13	U-14	U-15	U-16	U-17	U-18
①ディフェンスライン背後のカバーリング	ディフェンスライン背後のボールを狙う意識		○							
	ディフェンスライン背後を狙うポジショニング			○						
	ディフェンスライン周辺の状況を把握する				○					
	味方との連携（コーチング含む）					○				
	適切な判断（出るor出ない／クリアーorパスなど）					○				
	ワンタッチ背後のボールに対する準備					○				
	広い範囲を守る				○					
②キャッチングの技術とキャッチングフォーム	キャッチングの技術とキャッチングフォーム			○						
③パンチングの技術とパンチングフォーム	パンチング技術（両手）				※	○				
	パンチング技術（片手）				※	○				
	パンチングの飛距離・方向							○		
④サイドからのクロス対応	クロスボールを狙う意識		※	○						
	クロスに対するポジショニング				○					
	ゴール前の状況を把握する				○					
	味方との連携（コーチング含む）					○				
	適切な判断（出るor出ない／クリアーorパスなど）					○				
	ワンタッチクロスに対する準備					○				
	広い範囲を守る（足の運び含む）		※	※	○					
⑤深い位置からのクロス対応	ニアのエリアを守る意識			※	○					
	ニアのエリアを守るポジショニング				○					
	ゴール前の状況を確認する				○					
	味方との連携（コーチング含む）					○				
	適切な判断（出るor出ない／クリアーorパスなど）					○				
	ワンタッチクロスに対する準備					○				
	広い範囲を守る（足の運び含む）				※	○				

☐ 技術的な要素
☐ 戦術的な要素を含む

○ ── トレーニング開始時期
※ ── 事前準備時期

トレーニングの計画と方法

① ディフェンスライン背後のカバーリング

味方チームのディフェンスラインが高ければ高いほど、相手にボールを奪われた場合、相手チームにとっては攻撃するスペースが大きく空いています。現代サッカーでは、GKはディフェンスラインの後方を広く守ることが求められます。

しかし、このスペースを小・中学生年代でミスなく完璧に守ることは難しく、積極的に広い範囲を守ろうとする過程ではミスは付きものです。そして、ミスを怖がらず積極的にチャレンジしなければ、守備範囲は広がりません。

チームや監督・コーチとも連携を図りながら、小・中学生年代では、ミスを重ねながらも守備範囲を広くしていくことを目指しましょう。高校生年代では、広い範囲を守りつつ、ミスをなくしていけるよう計画的に取り組みましょう。

ここでは、ディフェンスライン背後のカバーリングに必要な要素を具体的に7つに分けて紹介します。

5
GKの技術・戦術とトレーニング方法

Ⓐ ディフェンスライン背後のボールを狙う意識

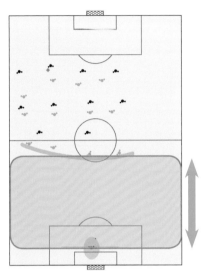

GKだけがゴール前に立っていると、ディフェンスラインの背後に大きなスペースができてしまう。

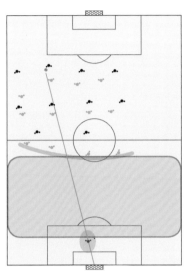

ディフェンスラインの背後のスペースはGKが守る意識を持ち、高いポジションを取る。

GKへの要求はチームによってさまざまですが、現代サッカーにおいてディフェンスライン背後のカバーリングの能力は、最も重要な要素のひとつです。

ディフェンスラインの背後のカバーを行うためには、まずは「常にボールを狙う意識」を持つことが必要です。特に少年少女のサッカーでは、味方選手が攻撃をしているときに、GKだけ自陣のペナルティーエリアの中にポツンと立っている姿を目にすることがあります。ディフェンスラインが上がったならば、GKも同じようにポジションを高く取り、ディフェンスライン背後に出たボールを狙うようにしましょう。

GKの役割は、最終的には「ゴールを守る」ことですが、その前の段階として「ディフェンスラインの背後のスペースはGKが守る」ということを意識するのが大事になります。

B ディフェンスライン背後を狙うポジショニング

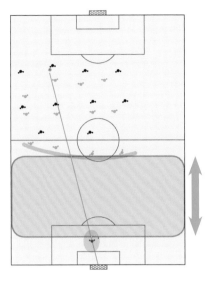

ディフェンスライン背後は GK が守る。

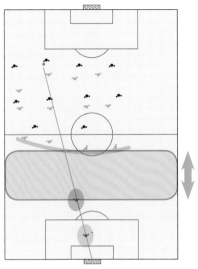

立つ位置によって、GK の守れる範囲が変わる。

次に、GK はどこにポジションを取ることが望ましいのかを見ていきましょう。
GK のスペースディフェンス時の良いポジションとは、一般的に「直接シュートに対応できて、かつ、ゴール前を広く守れるポジション」です。ボール保持者が直接シュートを狙っても、ある程度余裕を持ってゴール方向に移動してゴールを守れるのであれば、その分だけ高いポジションを取りましょう。

小・中学生年代ではまず、選手自身が「どこまで高くポジションを取れるのか」を身体で知ることが大事です。指導者は、最初から正解を伝えるのではなく、選手自身に試行錯誤させて、自ら調整する力を育みましょう。

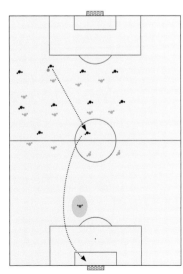

「高すぎるポジション」は、逆に危険になります。鋭い縦パスが入り、ボール保持者が急に変わった（特に相手 DF や MF から FW にパスが入ったなど）場合は、GK の立っている位置が「高すぎる」状況になります。

GK は、高いポジションを取りながらも、ボール保持

者がどこにパスを出すのか、出しそうかも観察しなければなりません。

この場面でFWにボールが渡った場合、GKが立っている位置はかなり高いので、FWは直接シュートを打つとゴールする可能性が高くなります。そのため、この場面では、GKは急いでゴール方向に戻らなくてはならず、急いで戻っている間にディフェンスライン背後とGKの間にボールを出された場合、適切な判断を下せなくなる可能性が高くなります。適切な判断を下すには、良い準備を行うことが必要になります（"良い準備"については59ページ参照）。

ⓒ ディフェンスライン周辺の状況を把握する

味方のディフェンスラインが上がっているとき、相手チームにとってはディフェンスライン背後のスペースが空いています。GKにとってはそのスペースを守ることが求められますが、相手がそのスペースを狙っていないのであれば、ボールが飛んできても危険ではありません。

一方、相手選手がそのスペースを狙っている場合は、注意しなければなりません。ディフェンスライン背後のカバーをする際は、最後尾にいるGKが、味方ディフェンスライン周辺の状況（味方選手と相手選手の人数・位置・動き方・狙い）を把握し、次に何が起こりそうか予測する必要があります。

しかし、相手選手がボールを蹴るときにはボールを見なければならず、自分のポジショニングも把握しておかなければなりません。ディフェンスライン周辺の状況確認も併せて、やることが非常に多くなります。そこで重要になるのが、"黄色信号"のときに何をしているかです。"黄色信号"の間にある程度の準備が完了していれば、いざというときにある程度余裕を持って対応できるようになるでしょう（"信号の例え"については59ページ参照）。

特に小・中学生年代では、何かひとつでもできていないことがあると、対応が遅れたり、連携ミスにつながることもあります。指導者は、ディフェンスライン背後のカバーリングは難易度が高いことを理解し、GKへの要求は少しずつ増やしていくようにしましょう。

ⓓ 味方選手との連携（コーチング含む）

味方選手に任せるのか、バックパスをもらうのか、味方選手に身体を入れてもらいボールをキャッチするのか、味方選手に身体を入れてもらいながらそのボールをクリアーするのか。DFとGKの間に飛んできたボールに対してプレーの選択

肢は非常に多くあり、DF と GK の意思疎通ができて
いないときに連携ミスにつながる可能性が高くなり
ます。

味方と連携を図るためには、[©ディフェンスライン
周辺の状況を把握する] ことが必要になり、その上
で、どう考えても GK が対応すべきボールに対しては
「キーパー」または「カラダ」という声をかけましょう。
また、どう考えても味方 DF が対応すべきボールに対
しては「クリアー」や、味方選手がフリーのときには「フ
リー」と声をかけましょう。しかし、味方選手がコン
トロールミスをしたり、流した場合には、GK の位置
までボールが来る可能性がありますので、最後まで
「来るかもしれない」という準備を怠らないようにしま
しょう。

ボール保持者はここ

味方DFはオレンジ色の視界を把握

ファーに
ふたりいるぞ

最も難しいのは「DF と GK が両方ともプレー可能」なときです。いったん選手
同士でどのように連携を図っているのかを観察し、意思疎通ができていない場
合は、時間のあるタイミングや、後日映像を用いて、お互いがどのような考えを持っ
ていたのか意見のすり合わせをした上で、「次に同じようなボールが来た場合は
どうするか?」を繰り返し繰り返しすり合わせていくことで、徐々に連携の精度
が高くなっていきます。また、選手同士で意思疎通を図ったり連携を取り合う習
慣が身についていれば、たとえ同じ DF と GK の組み合わせではなくても、連携
を図るのに多くの時間はかからなくなるでしょう。

「しっかり判断しろ!」と言うだけでは、GK も何をどのように解決すればいいの
かわかりません。指導者がその打開策を見つけられない場合でも、お互いの意
見を聞き、すり合わせを行い、次の打開策を見つけさせる場を設定するだけでも、
十分な問題解決につながっていくでしょう。

ディフェンスライン背後のカバーリングの際、味方との連携を図る手段として、
コーチングがあります。GK は、上図でもわかるとおり、ピッチ上で一番後方に
位置しているため、全体を見渡すことができます。

GK は、味方 DF 陣が左方向を向いている場合、まずは死角になっている位置
の情報を伝えましょう。例えば、相手の右センターバック (右サイドバック) がボー
ルを持っているとき、味方 DF は上図のようにオレンジ色の視界は把握できてい
ると想定されますが、その死角となっている場所は見ていない、または見えてい
ない可能性があります。味方 DF に聞こえる声で、できるだけシンプルに、素早く、
死角の情報を伝えてあげましょう。

E 適切な判断（出る or 出ない／クリアー or パスなど）

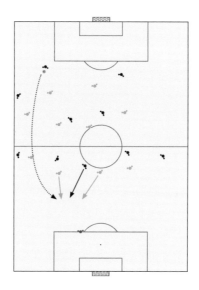

次は、実際にディフェンスライン背後にボールを蹴られたときの連携（コーチング）についてです。

［Ⓓ味方選手との連携（コーチング含む）］とは違い、第三者（指導者）の目が、最も客観性のある場合も多くあります。

当事者（DFとGK）と指導者で違う意見を持った場合、「コーチはこう思ったけど、どのように考えていたの？」と聞いてみるのもひとつの方法です。一方で、例えば、明らかにGKが味方にパスできる状況でクリアーして、相手ボールになってしまった場合、「今はパスを出せたと思う」と選手の意見を聞かずに一方的に伝えることも時には必要だと思います。

ここでも大事なことは、年齢や経験を重ねるとともに、判断の質が高くなり、チームにとって効果的なプレーができるようになるということです。

判断の要素としては下記の選択肢があります。

【出る場合】

①クリアー（足で／ヘディングで）

味方につなぐよりも、前線に蹴り込んだほうが効果的な場面では、クリアーを選択します。前線に蹴る場合は、相手GKにキャッチされることなく、ボールが相手に奪われても、できる限り相手陣地の深い位置から相手の攻撃が始まる場所に蹴るよう意識しましょう。また、浮いているボールをヘディングでクリアーす

る場合もあります。ヘディングでのクリアーは飛距離があまり出ないので、タッチラインを目がけ、その中で可能な限り前にヘディングしましょう。

②味方にパス
ディフェンスライン背後へのボールを味方にパスして、攻撃に転じるのが最も理想的なプレーです。ただしその場合、GKはペナルティーエリアの外に出ていて、浮いているボールを味方選手にヘディングなどでパスする可能性もあります。パスミスになったり、相手に奪われたりしないように気をつけましょう。

③クリアーすると見せかけてペナルティーエリアの中に入る
ペナルティーエリア外でボールをクリアーすると見せかけることで、相手選手が「蹴る」と思って追いかけるのをやめた場合、GKに時間ができます。その場合は、ペナルティーエリアの中に入り、ボールを処理しましょう。「クリアーする」と見せかけても相手が追いかけてくる場合は、ペナルティーエリア内に入れない場合もあるので、相手をよく観察して判断を変えられるようにしましょう。

そのほか、味方選手に身体を入れてもらいながらプレーする場合もあります。ペナルティーエリアの中に入れるときはボールをキャッチし、入れないときは安全確実にクリアーするか、可能な場合は味方選手へのパスを選択します。どちらの場合も、途中で相手選手の足が伸びてきたり触られる可能性もあるので、味方選手に最後までしっかりと身体を入れてもらうようにしましょう
GKが出ると判断した場合、どんな状況であっても、ゴールを空けてプレーしていることを忘れてはいけません。

【出ない場合】
④味方がクリアーする
⑤バックパスをもらう（足でのバックパス／ヘディングでのバックパス）
味方選手のほうがボールに近い場合は、自分が出ない判断をして、味方から距離を取ってバックパスをもらいます。相手選手がGKにプレッシャーをかけてくる可能性があるので注意しましょう。ヘディングでのバックパスはキャッチできますが、足でのバックパスの場合は、味方選手に素早くパスコースをつくってもらいます。ただし、パスをつなげない場合は、安全にプレーすることを心がけましょう。

判断力（空間認知）を養うトレーニング

その1

ディフェンスライン背後のカバーリングにおいて、いかに適切な判断を下せるかが重要です。ここでは、判断力、空間認知を養うトレーニング方法を見ていきましょう。

コーチが縦からボールを蹴り、GK はボールを触るエリアの番号を言ってからボールをキャッチ、またはクリアーします。[1] [2] [3] はキャッチし、[4] [5] はペナルティーエリア外のため、コントロールしてコーチに返すか、クリアーしましょう。

コーチが縦からボールを蹴り、ワンバウンドしたボールがどのエリアに落ちるのか、GK は素早く見極めて声を出します。試合では、ディフェンスライン背後へのボールを味方 DF が戻りながら対応しているときに、GK がその様子をいったん待ってから次のボールに出るか出ないかを決断する場面も多くあります。その状況を想定したトレーニングです。

GK エリアであれば、できるだけ素早く「GK」と声をかけてキャッチし、[4] の場合はペナルティーエリア外に出てボールを処理し、[5] の場合は「5」と声を出します。実際の試合では、[5] は味方選手に任せるエリアになるため、ボールに出ない、という判断のトレーニングにもなります。ボールの回転、飛距離、味方との連携を想定してトレーニングを行いましょう。

【その2】

空間認知を鍛えるには、同時に「ボールを手や足で扱う技術」と「目との連動」も大事になります。空間認知そのものの能力があっても、ボールを扱う技術が低かったり、目で見ているものに対して正確に手・足が連動できていなければ、空間認知力が低いとされがちです。ここでは、技術と目にも着目し、同時に鍛えることを目指します。

【ウォーミングアップ】

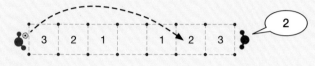

① お互いがマーカーの後方に立ち、パートナーが言った番号のスペースに、ボールを投げる、もしくは蹴る。
② パートナーがボールを投げた、もしくは蹴ったボールを、ボールが地面に着く前にGKが落ちるスペースの番号を言って、数字が正しいのか確認し合いながら進める。
※アンダーハンドとオーバーハンド

パートナー、もしくはコーチが投げた、もしくは蹴ったボールを、GKは指定された箇所（例えばインサイド）でボールをコントロールしてから、落とさずに5回リフティングして返す。

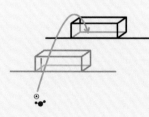

ゴールの前に障害物を置き、キック、もしくはスローイングで、障害物を越えてゴールにボールを入れる。

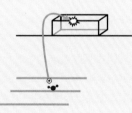

キック、もしくはスローインで、ボールをバーに当てる。当たったら、徐々に距離を伸ばしていく。

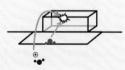

コーチが合図を出したら、GKは長座の姿勢から立ち上がって、コーチがバー方向に投げたボールの対応を行う。
コーチは、バーに当たってピッチ内にはね返ってきたり、バーに当たらずにゴールインしたり、さまざまな種類のボールを投げる。
GKは、立ち上がってから、すべて後方にダイビングしてしまうと、ボールがバーに当たってピッチ内にはね返ってきた場合、セカンドボールに対応できなくなる。しかし、ダイビングをせずに待っていると、ボールがゴールにそのまま入る可能性もある。ボールの落下地点を見極めながら対応する必要がある。

Ｆ ワンタッチ背後のボールに対する準備

GK は一度にやらなければいけないことがたくさんありますが、その準備をしているとボールから目を離してしまうことが多くなります。ボールを取られてから守備の準備を始めると、ゴール前の状況を確認している間にディフェンスライン背後にボールが蹴られることもあり、そうすると頭も身体も準備が遅れ、次の対応でエラーが生じる可能性が高くなります。

さらに、ワンタッチでディフェンスライン背後にボールを出された場合の準備は、「ワンタッチで蹴ってくるかも？」と予測して準備していないと、なかなかできるようにはなりません。試合中、実際にワンタッチでディフェンスラインの背後に蹴ってくることはあまり多くないので、準備もおろそかになりがちですが、いざ蹴られた場合に慌ててしまうことがないよう、やはりワンタッチ背後への準備をしておく必要があります。

Ｇ 広い範囲を守る

ディフェンスライン背後を広く守るためには、まず広い範囲を守れるためのスタートポジションが大事になります。

相手陣地にボールがあるときは、ゴールの中央とボールを結んだ直線上に立つことが望ましいです（"ポジショニングの目安"については 51 ページ参照）。ボールを取られそうな"黄色信号"で、やや後方にポジションを修正して直接シュートをケアすることで、前に重心を向けながらディフェンスライン背後のボールを狙うことができます。

味方 DF との連携や、落下地点の見極めの準備を整えたら、あとは GK がプレーできると思ったときには積極的にチャレンジしましょう。監督・コーチなどの理解や協力を得ながら、高校年代で広い範囲を守れるように計画的に取り組んでいきましょう。

① ディフェンスライン背後のカバーリング

ディフェンスライン背後をカバーする場合、GK
は前に出られる体勢が整っていないと、GK が
出るべきボールに対しても出ることが難しくなり
ます。ゴール方向（後方）に戻りながら対応す
ることも多くなりますが、いざボールが出たとき
に、「止まって」「両足を地面に着けて」ボール
に出られるか見極めて対応することが理想です。

相手にボールを奪われたとき、あまりにも高いポジションに
いると、ゴール方向（後方）に急いで戻ることになります。
ゴールを向いて急いで下がっている最中にディフェンスライン
背後にボールを出された場合、出るか出ないかの判断の
質が低下する可能性があり、また、ゴール前の状況を確認
することもできなくなってしまいます。

ボールに対してポジションを修正する際は、極力サイドス
テップのほうが望ましいです。片足ずつ足を動かしていると、
足がクロスする瞬間にボールを出された場合に、良いスター
トを切れなくなる可能性があります。

① ディフェンスライン背後のカバーリング

	運動神経習得時期	基礎技術習得時期			
	U-10	**U-11**	**U-12**	**U-13**	
技術的要素					
コーディネーション/組み合わせ					
個人戦術		・ディフェンスライン背後を積極的に狙う ・失敗は追及しない	・理想とするポジションを明確にし、ディフェンスライン背後を積極的に狙う ・失敗の原因は振り返るが、積極性は失わせない	・ディフェンスライン周辺の状況（相手選手の人数や動き、スピードなど）を確認する ・練習試合などでは、ディフェンスライン周辺の状況を把握できているか定期的に聞いて確認する ・広い範囲守ることにトライする	
グループ・チーム戦術					

ボール・ゴールサイズ変更

	基礎技術発揮時期		実力（応用技術）発揮時期		完成時期
	U-14	**U-15**	**U-16**	**U-17**	**U-18**
	・死角となっている部分にコーチングしているかを確認する ・ワンタッチ背後のボールの準備ができているか確認する ・コーチから見て良い連携ができているかを確認し、できていない場合はディスカッション ・選手同士でもディスカッションする場を設ける ・映像を用いたディスカッション	・死角となっている部分にコーチングしているかを確認する ・ワンタッチ背後のボールの準備ができているか確認する ・コーチから見て良い連携ができているかを確認し、できていない場合はディスカッション ・選手同士でもディスカッションする場を設ける ・映像を用いたディスカッション	・個人、チームでの判断の質、連携の質、コーチングの質などを確認する ・指導者と選手の意見交換 ・選手同士の意見交換 ・映像を用いたディスカッション	・個人、チームでの判断の質、連携の質、コーチングの質などを確認する ・指導者と選手の意見交換 ・選手同士の意見交換 ・映像を用いたディスカッション	

5

GKの技術・戦術とトレーニング方法

② キャッチングの技術とキャッチングフォーム

クロスボールをキャッチする際は、両足でのジャンプキャッチと、片足でのジャンプキャッチがあります。

自分の立っている位置周辺にボールが飛んできた場合は、より安定感のある両足でのジャンプキャッチ、GKがスペースに向かってキャッチしに行く場合は、片足でのジャンプキャッチが望ましいです。

相手選手と競り合ったり、密集の中でボールをキャッチする場合は、一回でボールをつかむことが重要になります。しかし、周囲に誰もいない状況では、一回でボールをキャッチする必要がない場合もあります。

相手と競る際には、相手が飛び込んでくる可能性があるので、相手に近い方向の足を上げて、相手のコンタクトを足でプロテクトすることが理想です。

クロスボールの練習では、まずはジャンプなしでのフォームづくりから始め、手投げでのキャッチ、少し離れた位置からのジャンプキャッチなどを経て、最終的には実際のボールに対して安定したキャッチングで広い範囲を守れるようにしていきましょう。

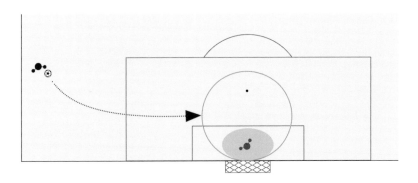

実戦でクロスをキャッチするときは（あくまで目安になりますが）ゴールエリアの中でGKがキャッチする場合は両足、そのエリアを飛び出してキャッチする場合は片足でキャッチするのがいいでしょう。

② キャッチングの技術とキャッチングフォーム

GOOD EXAMPLE

自分の立っている位置周辺にボールが来た場合は、より安定感のある両足でジャンプしてキャッチしましょう。頭の真上で（正面に入って）ボールを見て、ボールをキャッチするまでしっかりとボールを見ます。キャッチ後に相手がぶつかってくる可能性もあるので、キャッチ後も油断せずに次のプレーに移りましょう。

スペースに向かってボールをキャッチする際は、片足ジャンプが望ましいです。その際、相手と競り合う可能性もあるので、ボール方向の足を上げて、相手との接触をプロテクトしましょう。相手と接触をしながらボールをキャッチする場合もあるので、最後までしっかりとボールを見て、キャッチ後も油断せずに次のプレーに移りましょう。

BAD EXAMPLE

ボールの落下地点を見極めるよりも先に移動を開始してしまうと、目測を誤り、ボールをかぶってしまったり、高い位置でキャッチできない可能性が増えます。ボールの落下地点を見極めてから最初の一歩目を正しく踏んで移動することで、エラーは少なくなります。

② キャッチングの技術とキャッチングフォーム

	運動神経習得時期	基礎技術習得時期			
	U-10	**U-11**	**U-12**	**U-13**	
技術的要素			・ジャンプなしで腕だけ高く伸ばしてキャッチ ・ジャンプなしで相手側の足を曲げてキャッチ ・ジャンプありで相手側の足を曲げてキャッチ ・競り合う選手はなし ・スペースに人を立たせる（競り合いなし） ・慣れてきたら、投げたボールから軽く蹴ったボールへと徐々に難易度を上げる	・投げたボールのジャンプキャッチ ・やや遠くから軽く蹴ったボールをジャンプキャッチ ・腕をしっかりと伸ばす ・競り合う選手はなし ・スペースに人を立たせる（競り合いなし） ・最後までボールを見る	
コーディネーション/組み合わせ				・位置、角度、距離などを変えて、配球のバリエーションを増やす	
個人戦術				・CKの位置から ・FKの位置から ※相手なし、もしくは立っているだけの相手	
グループ・チーム戦術					

ボール・ゴールサイズ変更

基礎技術発揮時期		実力 (応用技術) 発揮時期		完成時期
U-14	U-15	U-16	U-17	U-18
・投げたボールを軽く競り合いながらキャッチ ・サイドから蹴ったボールをキャッチ ・腕をしっかりと伸ばし姿勢を崩さない ・競り合いの中でキャッチ ・最後までボールを見る	・競り合いの中でボールをキャッチ	・競り合いの中でボールをキャッチ		
・ファーサイドへの足の運び（投げられたボール、蹴ったボール） ・ニア方向へスピードを落とさずランニングキャッチ ・位置、角度、距離などを変えて、配球のバリエーションを増やす	・クロスの攻防の中で技術を発揮する ・位置、角度、距離などを変えて、配球のバリエーションを増やす	・クロスの攻防の中で技術を発揮する ・位置、角度、距離などを変えて、配球のバリエーションを増やす		
・CK の位置から ・FK の位置から ※相手あり、プレッシャーは弱く				
・CK ・FK ※実戦の中で技術を発揮する	・CK ・FK ※実戦の中で技術を発揮する	・CK ・FK ※実戦の中で技術を発揮する		

③ パンチングの技術とパンチングフォーム

パンチングは、ボールをキャッチできない、またはキャッチに行くと危険だと判断したときに用いる技術です。パンチングをする際は、相手選手のいない方向に弾いたり、強く遠くに弾き二次攻撃を可能な限り受けないように意識することが大事になります。

パンチングには両手パンチングと片手パンチングの 2 種類があります。両手パンチングはボールが GK の方向にまっすぐに飛んできている場合や GK 周辺に向かってきて移動が少ない場合に用いることが多く、片手パンチングは GK がスペースに向かって移動する場合に用いることが多くなります。

パンチングは、ボールの芯をとらえることで、規則的な軌道で飛ばすことができます。筋力や身体が成長していない低学年ではケガを考慮して、1〜2 号球でボールの芯をとらえる習慣を身につけ、身体の成長とともに、U-13 年代では 4 号球を、U-14 年代でようやく 5 号球を使用するのがいいでしょう。

最終的には、どんな混戦の中でも守備範囲が広く、GK が空中戦に飛び出していける選手を目指しましょう。

ここでは、パンチングの要素を 3 つに分けて説明します。

③ パンチングの技術とパンチングフォーム

Ⓐ パンチング技術（両手）

GOOD EXAMPLE

ボールが GK の方向にまっすぐ飛んできている場合や、自分のいる位置にボールが飛んできて、かつ安全・確実に対応したい場合には、両手でのパンチングが安定感があります。大きく、高くパンチングすること、そして相手のいない方向、またはセカンドボールを直接シュートしづらい外方向にパンチングすることが理想です。

BAD EXAMPLE

パンチングする腕を下から上に出すことで、ボールをより安定して高く、遠くに飛ばすことができます。腕の出し方が悪いと、パンチングの精度が落ちて飛距離も出なくなる可能性があります。キャッチする際と同様、ボールの落下地点を見極めてからボールに対して移動し、常に同じ位置でパンチングができるように意識しましょう。

③ パンチングの技術とパンチングフォーム
B パンチング技術（片手）

G O O D   E X A M P L E

スペースに向かって移動していて、ボールの落下地点に相手がいたり、密集している場所に飛び出していく場合は、片手でパンチングに行くことで両手よりも広い範囲に手が届きます。パンチングの際、相手に近い腕で相手をプロテクトすることが理想です。そして、遠くに、高く、相手のいない方向にパンチングすることでセカンドボールを直接シュートされる可能性が低くなります。

B A D   E X A M P L E

落下地点を見極めずに移動してしまうと、ボールの落下地点に先に入ってしまったり、目測を誤りフォームが安定しないままパンチングすることにつながります。また、脇が開いた状態では下から上に腕を出せないこともあるので、高くボールを飛ばすことが難しくなる可能性もあります。

③ パンチングの技術とパンチングフォーム

© パンチングの飛距離・方向

G O O D E X A M P L E

できるだけ遠くに、高くパンチングをすることで、セカンドボールを直接シュートされる可能性が低くなります。また、相手のいない方向にパンチングすることも意識しましょう。

パンチングの飛距離を伸ばすことと、相手のいない方向にパンチングすること、このどちらもできるようになることで、失点の可能性を低くすることができます。

GKの技術・戦術とトレーニング方法

③ パンチングの技術とパンチングフォーム

Ⓐ パンチング技術（両手）　Ⓑ パンチング技術（片手）　Ⓒ パンチングの飛距離・方向

	運動神経習得時期	基礎技術習得時期			
	U-10	**U-11**	**U-12**	**U-13**	
技術的要素			・1〜2号球を用いてパンチング（ボールの中心をとらえる） ・投げられたボール ・パンチングフォーム ・片手 ・両手 ・相手なし	・4号球を用いてパンチング（ボールの中心をとらえる） ・投げられたボール ・パンチングフォーム ・片手 ・両手 ・相手なし	
コーディネーション/組み合わせ					
個人戦術					
グループ・チーム戦術					

ボール・ゴールサイズ変更

	基礎技術発揮時期		実力（応用技術）発揮時期		完成時期
	U-14	**U-15**	**U-16**	**U-17**	**U-18**
	・5号球を用いてパンチング（ボールの中心をとらえる） ・投げられたボール ・パンチングフォーム ・片手 ・両手 ・相手なし ・立っているだけの相手あり	・投げられたボールをパンチング ・軽く蹴ったボールをパンチング ・パンチングフォーム ・片手 ・両手 ・相手あり	・遠くに飛ばす技術 ・競り合いの中で技術を発揮する	・遠くに飛ばす技術 ・競り合いの中で技術を発揮する	
	・キャッチ or パンチングの使い分け	・キャッチ or パンチングの使い分け	・パンチングの角度と方向（相手のいない場所）	・パンチングの角度と方向（相手のいない場所）	
		・CK ・FK	・CK ・FK	・CK ・FK	

黒字は、Ⓐパンチング技術（両手）、Ⓑパンチング技術（片手）
赤字は、Ⓒパンチングの飛距離・方向
のトレーニングとなります。

GKの技術・戦術とトレーニング方法

④ サイドからのクロス対応

サイドからのクロス対応でも、GK の守備範囲が広ければ広いほど、味方選手は助かります。相手選手にとっても、GK にボールを奪われるのは阻止したいのですが、GK の出られない場所にクロスボールを入れると、ゴールから遠くなって得点の可能性が低くなってしまいます。GK がより広い範囲を守れることで、それだけ効果が大きくなることがわかります。

クロスボールに対応する際は、キャッチングやパンチングなどの技術的要素に加え、賢さや瞬間的な判断力も求められます。

ここではクロス対応を A ～ G までの 7 項目に分けて、それぞれ説明していきます。

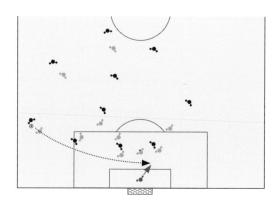

Ⓐ クロスボールを狙う意識

クロスボールに対応する上で重要なのは、ボールを奪う意識を持つことです。

クロスボールを確実にキャッチ、またはパンチングするには、落下地点を正しく見極めた上で、ボールに対して足をボール方向にスムーズに運ばなければなりません。ボールを触る位置（落下地点）に人がいるかを把握し、相手選手がいる場合は、競り合いに対する技術も必要になります。難しく考え出すと、GK が積極性を失ったり、自信を持てなくなる可能性があるので、指導者は注意が必要です。特に小・中学生年代の GK に「クロスボールを狙う意識」を持たせるためには、まずは失敗に対して責めたり追及することなく、狙う意識を持つことを肯定するようにしましょう。難易度の低いトレーニングからスタートし、自信を持てるようになったら、徐々に難易度を高くしていけるように、指導者が手助けすることも必要になります。

計画的に成長していけるように、まずはクロスボールを狙う意識を持たせられるように努めましょう。

B クロスボールに対するポジショニング

GK は、どこにポジションを取ることが正解でしょうか。

従来正解だといわれてきたのは、「直接シュートに対応できて、かつ広い範囲を守れるややファーの位置」です。この位置にポジションを取ることで、ファーサイドへのクロスボールには距離が近くなるので対応できる可能性が高まりますが、ニアサイドにいる相手に合わされた場合はスピードを上げてニアにポジション修正しなければならず、ニアで合わされたときには対応が難しくなります。

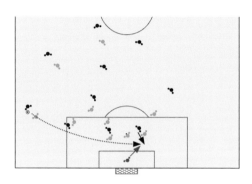

ファーにボールが来たときはいいが……

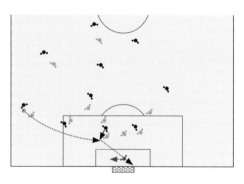

ニアにボールが来たときは対応が難しい。

それでは、ニア方向にポジションを取るとどうでしょうか。

先ほどのように、ニアに来たボールに対しては動く範囲が少なくなる、またはなくなるのでしっかりと構えていられる分、ニアへの対応は強くなりますが、一方でファーにクロスボールが上がった場合は、スタートポジションがニア寄りであるため、ファーへのボールを奪える可能性が低くなってしまいます。

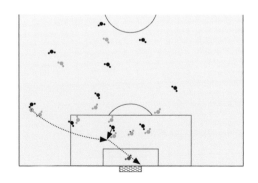

ニアにボールが来たときはいいが……

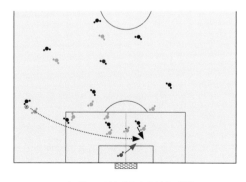

ファーにボールが来たときは対応が難しい。

どちらにもメリットとデメリットが存在するので、どちらが正しいポジションか一概には言えません。両方正しいポジションだと言うこともできます。ここで大事なのは、メリット・デメリットを理解した上で、今求められているチーム戦術や監督・コーチ・GKコーチの要求に合わせてポジションを決めることだと考えられます。トップカテゴリーになると、対空時間の長いボールよりも、点で合わせるような速いピンポイントのクロスボールが多くなり、ニアで合わせようとする回数も育成年代より多くなります。一方で中学生年代では、対空時間のあるボールがファーに多く来ると感じています。

どちらか片方だけに偏らず、計画的に両方のポジションに立ってプレーする経験を経て、最終的にどちらのポジションに立ってもプレーできるようにしていくことが大事になります。

ⓒ ゴール前の状況を把握する

クロスボールの対応は、大枠では「スペースを守るディフェンス」になります。サイドからのクロスの場合、スペースとはゴール前で、そのスペースに入ってきたボールを奪うことが求められます。そのためにはスペース＝ゴール前の状況を把握し、相手がどこを狙っているのか予測する必要があります。

しかし、これまでにも話したように、時間に余裕がなければ、ゴール前の状況を確認することが難しくなります。サイドから直接シュートを狙ってくる可能性もあるので、ボールが蹴られる前までに自分の立っている位置を把握しなければならず、またボールが蹴られるときにボールを見ていなければ、質の高い判断を下せません。そのふたつの確認ができていなければ、ゴール前の状況把握は難しくなります。

実際にクロスボールが上がってくる前にゴール前の状況を確認するための時間を意図的につくってゴール前の状況を把握し、予測を持ちながら対応できるようにしましょう。

ⓓ 味方選手との連携（コーチング含む）

局面での瞬間的な判断や対応が求められる中、味方と連携することで、スペースとゴールを守れる可能性がより高くなります。一方、お互いの意思が合わなかったり、判断や対応が少しでも遅れたりすると、連携ミスになる可能性も高いので、常に味方選手との連携が必要になります。

連携で大事になるのは、「声」です。味方選手との連携の中で、まずは声につい

て考えていきましょう。連携を図る際の声は、主に下記の3つがあります。

①味方選手の死角位置の情報を伝える
②味方選手の守備組織を整える（修正する）
③局面に対する要求

それぞれをさらに細かく説明していきます。

① 味方選手の死角位置の情報を伝える

ピッチの最後尾に立つGKは、ピッチ全体を見渡せることができる唯一の存在です。ボールがサイドにある場合は、味方DFはボールを見ながら自分の背中（斜め後ろ）を見ることが難しく、相手攻撃選手はその死角の位置から駆け引きを行ってきます。
GKは、味方DF陣に相手選手の位置や、DF陣が把握していない可能性がある位置の情報を伝えるなど、味方DF陣に注意を促すことが求められます。
そして、声はできるだけ「短く、大きく、素早く」が理想的です。
声をかけている間もプレーは続き、一瞬の駆け引きが勝負の分かれ目になります。長く声をかけても、味方DF陣は最後まで聞いている時間がありません。
「伝える」ことが「伝わる」になっているかは、普段のトレーニングの中からお互いに確認し合い、よりわかりやすい、伝わりやすいコーチングが何なのかをディスカッションしていきましょう。
また、ゾーンで守っている場合と、マンツーマンで守っている場合では、かける声も変化します。マンツーマンの場合は、より具体的に「つけ」「カバー」「まだ行くな」などのコーチングが必要になります。

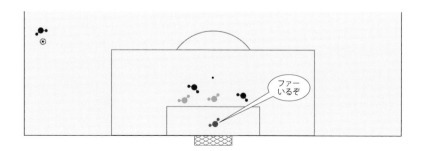

② 味方選手の守備組織を整える（修正する）

相手攻撃選手の位置や人数を伝えると同時に、味方選手がチーム戦術として本来立つべき位置に立っていなかったり、ゴールを守るために味方選手の立ち位置を修正する必要がある場合に、味方DF陣にコーチングする必要もあります。

インプレー中は、ここでも「短く、大きく、素早く」声をかける必要があります。味方ボールになったときや、味方チームのアウトオブプレー時（スローイン、ゴールキック、フリーキック、コーナーキック、選手交代）は、より細かく指示を確認し合える時間があります。

ここでは声で修正することはもちろんですが、戻ってきてほしい場所、修正を加える場所を手や指で差してはっきりと伝えると非常に効果的です。

図のように、GKが味方のA選手に「もっと後ろ」という声をかけたとしても、ゴールライン方向という意味の「後ろ」なのか、A選手の身体の向きから「後ろ」（＝B選手に近づく）なのか、意外と意思疎通が図れていないことも多くあります。このような細かい点についても、味方選手と連携が図れるように、普段の練習の中から確認していくことが重要になります。

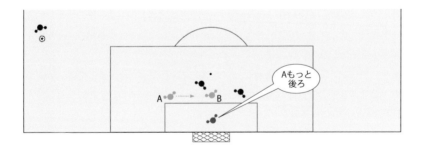

③局面に対する要求

クロスボールに対して、GKが直接ボールに関与（キャッチ、もしくはパンチング）するのか、味方選手に任せて次のプレーに備えるのかによって「キーパー」または「クリアー」、味方選手がフリーの場合は「フリー」、ヘディングなどでバックパスしてほしい場合は「頭」、ボールに触らずに流したほうがいい場面では「流せ」などの声をかけることで、連携が深まります。

しかし、ここで注意することは、伝えたとしてもそのとおりにならない可能性もあるということです。GKも味方守備陣も瞬間的な対応が求められるので、GKは「クリアー」と声をかけたとしても、味方選手がボールを流してしまったり、GKと味方選手で考えていることが合わなかったり、違う声をかけ合ってしまったりすることもあるので、最後まで細心の注意を払いましょう。

ちなみに、ドイツでは「クリアー」という声はありません。「GKが声をかけない＝ボールに直接関与しない」ことを意味し、声がかからないということは、味方選手がプレーする以外に選択肢はありませんでした。

海外でプレーするときには、それぞれの国のスタイルがあるので、そのスタイルを理解し、その中で柔軟にコミュニケーションを図れるように自分を変化させていく必要があるでしょう。

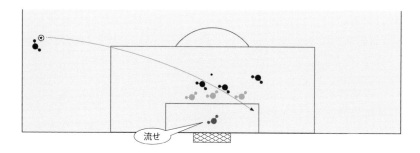

・「流せ」と伝え、意思疎通が図れたときは、味方選手に身体を入れてもらいましょう。
・「キーパー」という声を出したときは、相手選手からGKに対する妨害を、味方選手に阻止（相手をブロック）してもらいましょう。

Ｅ 適切な判断（出る or 出ない／キャッチ or パンチング）

クロスボールに対して、基本的には［出る＝キャッチ or パンチング］［出ない＝味方選手がクリアー or 胸や頭でコントロールしてバックパス］のいずれかの選択をすることになります。

これまで同様、良い判断を下すためには、クロスが上がる前までに下記の３つを完了させておく必要があります。

○ ゴール（自分の立っている位置）の確認
○ ボールの確認
○ ゴール前の状況確認

この３つをクロスが上がる前に把握できていて、かつクロスを狙える前向きな状態にあり、その上で、最終的には落下地点を見極め、適切な判断を下せるようにしましょう。

補足になりますが、コーナーキックで蹴られたボールがゴールライン幅の半分の34メートルに到達した時間は、私がこれまでに計った中で最速1.1秒でした。つまり、サイドからのクロスの場合でも、その１秒程度の時間の中で得点につながるか、ゴールを守れるかの駆け引きになり、時間的な余裕は一切ありません。学年が上がるにつれ、判断のないまま守備範囲を広げようとするのではなく、しっかりと判断をしながらも積極的に守れるスペースを広げる努力をしていきましょう。良い準備が、良い判断、適切な決断・実行につながり、結果として良いプレーにつながります。しかし、そこには必ず自分の意思が必要になります。

良い準備　→　意思　→　判断　→　決断・実行　→　Good Play

Ｆ ワンタッチクロスに対する準備

これまでにも、GK には一度にやらなければいけないことが多くあると話しましたが、多くのことを準備していると、ボールから目を離してしまうことが多くなります。ボールを取られてから守備の準備を始めると、ゴール前の状況を確認している間にクロスボールを蹴られることもあり、頭も身体も準備が遅れ、次の対応が悪くなる可能性があります。

特に、ワンタッチクロスに対する準備は、「ワンタッチでボールを蹴ってくるかも?」と準備し続けないと、なかなかできるようにはなりません。実際に、試合中にワンタッチでクロスボールを蹴ってくることは多くないため、しばらくボールから目を離してゴール前の状況を確認している選手も多くいます。しかし、それでは、いざワンタッチでクロスを上げられると、慌ててしまう可能性が高くなります。慌ててしまうことがないように、やはりワンタッチクロスの準備は常にしておく必要があります。

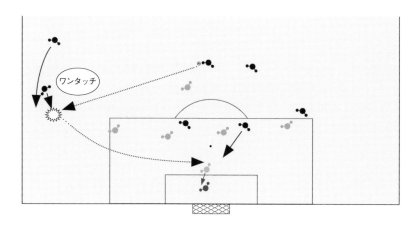

Ⓖ 広い範囲を守る（足の運び含む）

広い範囲を守るためには、これまで同様、良い準備を行うことに加えて、「狙う意識」と「予測」が必要になります。そして相手の選択肢が限定されればされるほど、ボールがどこに来そうか予測もしやすくなるため、反応スピードが早くなります（ただし、先に動き出すのは原則 NG です）。足の速さとはまた違い、出だしや判断のスピードが速くなることで守れることもたくさんあります。

そして、足の運びのコツも覚え、広い範囲を守れるようにトレーニングを積んでいきましょう。

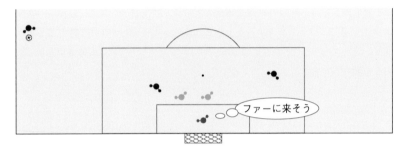

足を運ぶ際に一番意識することは、「ボールを常に自分の斜め上」の位置に置きながら足を運ぶことです。図の状況でいえば、ボールを自分の視野の左斜め上に置きます。斜め上にボールがある状況でピントが合えば、スムーズに足を運ぶことができます。

常に「斜め上」を意識する

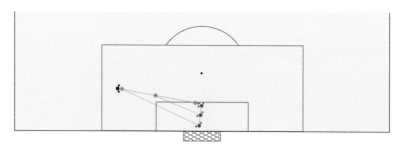

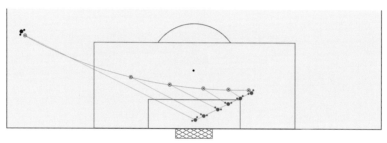

例えばGKの真後ろにボールを蹴られたとしても、ボールを常に同じ位置の「斜め上」で見続けることを意識します。そのためには写真2,3のように後方にも腕を振ってランニングした状態でスピードに乗った中で移動できるようになれば、ファーサイドに対して広い範囲を守れる足の運びができるようになります。ただし、膨らんで対応することとは違います。

④ サイドからのクロス対応

G O O D　　E X A M P L E

ニア寄り

キッカーの視点

正面からGKを見ると、ニアに寄っていることがわかります。キッカーの視点でGKを見ると、ニアへのシュートは打ちづらく、ニア方向へのクロスは入れづらいポジションにいると感じられます。一方、ファーへのクロスボールに対してはやや距離が離れてしまうことも理解できます。

5

GKの技術・戦術とトレーニング方法

中央寄り

キッカーの視点

正面からGKを見ると、ニア方向にもファー方向にも対応しやすいポジションに立っているように見えますが、キッカーの視点では、ニア方向が極端に空いているように感じます。中央寄りにポジションを取った場合、ニアへのクロスに対しては大きくポジション修正する必要が出てきますが、ファーへのクロスボールに対してはより広く守れる位置にいることが理解できます。

④ サイドからのクロス対応

	運動神経習得時期	基礎技術習得時期			
	U-10	**U-11**	**U-12**	**U-13**	
技術的要素			・サイドから投げられたボールをキャッチ ・サイドから軽く蹴られたボールをキャッチ ・キャッチングフォームを整える	・サイドから投げられたボールをキャッチ ・サイドから軽く蹴られたボールをキャッチ ・キャッチングフォームを整える	
コーディネーション/組み合わせ		・空間認知のトレーニング	・空間認知のトレーニング	・広い範囲を守ることにトライする（スムーズな足の運びを習得する）	
個人戦術		・クロスボールを積極的に狙う ・失敗は追及しない	・クロスボールを積極的に狙う ・失敗は追及しない	・ポジショニングを学び、まずはニア寄りに立ちスペースを守る ・ゴール前の状況を確認する→練習ではゴール前の人数を確認してからクロストレーニングを開始する	
グループ・チーム戦術					

青字は、本格的なトレーニング時期が始まるまでの、
事前準備時期に行うトレーニング

ボール・ゴールサイズ変更

基礎技術発揮時期		実力 (応用技術) 発揮時期		完成時期
U-14	**U-15**	**U-16**	**U-17**	**U-18**
・サイドから蹴られた ボールをキャッチ				
・広い範囲を守ること にトライする（スムー ズな足の運びを習得 する）	・広い範囲を守ること にトライする（スムー ズな足の運びを習得 する）			
・ファー寄りにポジ ションを取りスペース を守る ・死角となっている部 分をコーチングして いるかを確認する ・ワンタッチクロスへ の準備 ・クロスに出られない ときのポジショニン グ	・ファー寄りにポジ ションを取りスペース を守る ・死角となっている部 分をコーチングして いるかを確認する ・ワンタッチクロスへ の準備	・ファー寄りにポジ ションを取りスペース を守る ・死角となっている部 分をコーチングして いるかを確認する	・ニアへの速いクロス も増えてくるため、や や中央寄りに構える ことも覚える	・ニアへの速いクロス も増えてくるため、や や中央寄りに構える ことも覚える
・コーチから見て良 い連携が取れている かを確認し、できて いない場合はディス カッションする ・選手同士でもディス カッションする場を設 ける ・映像を用いたディス カッション ・CK ・FK	・ペナルティーエリア 内でゴールを向かい 合わせにしてクロス 攻防	・ペナルティーエリア 内でゴールを向かい 合わせにしてクロス 攻防		

⑤ 深い位置からのクロス対応

相手にペナルティーエリア内の深い位置まで侵入され、よりゴールに近い位置までボールが運ばれたときに、GK はどのように準備すべきか、ここでは 7 つに分けて順を追って説明します。

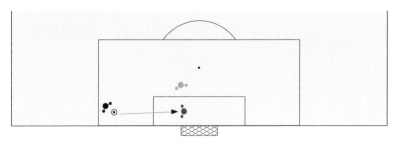

Ⓐ ニアのエリアを守る意識

相手にペナルティーエリア内の深い位置まで侵入されてしまった場合、GK が自分のいるエリア（この場合はニアポスト付近）をしっかりと守れば、相手選手はGK の立っている場所以外を選択する可能性が高くなります。サイドからのクロス対応と同様に、まずは GK がニアのエリアをしっかりと守る意識を持ち、相手選手に GK から離れるボールを出す選択をさせましょう。

Ⓑ ニアのエリアを守るポジショニング

相手選手にペナルティーエリア内の深い位置まで侵入された際のポジショニングには、主にふたつの考え方があります。

①ボールに完全に正対して構え、ニアのエリアを守る
②ボールに対して半身で構え、ニアを守りながらファーにも出やすい姿勢を取る

どちらにもメリットとデメリットがあります。チーム戦術や、GK コーチの考え方、GK の特徴を踏まえて、どちらの考え方で守るのかを決めましょう。

①ボールに完全に正対して構える場合

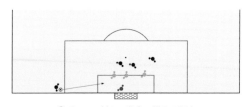
②ボールに対して半身で構える場合

5　GKの技術・戦術とトレーニング方法

① ボールに対して完全に正対して構える場合

ボール保持者に対して完全に正対する場合は、GKの後方にもうひとつのゴール（図の「架空のゴール」）があり、そこにボールを通過させないように意識します。以前は、（図の場合）ポストを左手で触っていましたが、ポストを触っているとGKの前に簡単にボールを入れやすいため、ポストを触らず、ポストから離れるのが理想です。ただ、ニアポストから離れすぎていると、GKとニアポストの間を狙う選手もいるので、絶対にそのボールを通過させてはいけません。

GKがニアのエリア（横幅）をどこまで守れるのかを考えて、その幅の中央に立つようにしましょう。相手に少しでもニアにクロスを入れづらいと思わせるようにしましょう。

理想としては、GKはゴールエリア幅（5.5メートル）を守ることですが、実際には、（ボールの位置にもよりますが）そこまで守ることはできません。実戦においては、味方選手と連携してゴールを守ることになります。守備戦術がマンツーマンかゾーンかによって味方選手の位置も変化しますが、ゾーンの場合は味方DFの立つ位置を決めて、そのDFとポストの間にGKが立ち、その幅はGKが守る、それを超えるボールに対しては味方選手に任せましょう。

正対して構える場合も、半身で構える場合も、実際にそのようなシチュエーションになる前に、ゴール前に入ってくる相手選手の人数と位置、味方選手の人数と位置を把握します。

ゴール前に相手選手が誰もいない場合は、ボール保持者はクロスを選択する可能性が低くなります。また、ファーサイドにしか相手選手がいない場合は、半身で構えたほうが守れる可能性もあります。

完全に正対して構える場合は、ニアサイドへの対応が強くなる反面、ファーサイドにボールを上げられた場合などは、いったん身体の向きを変えて足を運ばなければならなくなるので、移動が遅れるというデメリットもあります。

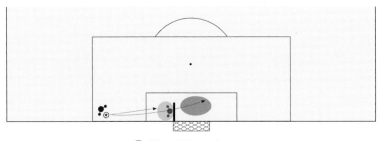

● 強いエリア
● 弱いエリア

▮ 架空のゴール

②ボールに対して半身で構える場合

ボール保持者に対して半身で構える場合は、正対する場合と比べて、マイナスの
ボールやファーサイドへのボールに対して身体の向きを変える必要がなく、スター
トの位置もやや中央寄りなので、移動が早く行えるメリットがあります。

一方、ニアサイドへの速いボールに対して、対応が一瞬遅れます。ニアのスペー
スが若干できる分、どうしても出だしが一瞬遅れてしまいます。

ただ、どちらもひとりでゴールを守るわけではありません。味方 DF と協力する
ことでデメリットを消すこともできます。

ここで大事なことは、両方のメリット・デメリットを理解し、チーム戦術や GK コー
チの考え方、自分の得意な守り方などを考慮した上で、GK はどこを責任を持っ
て守るのかを決めることです。

指導者としては、それぞれの考え方を育成年代で習得させ、最終的には、どの
監督、どの環境にも対応可能な選手育成を目指しましょう。

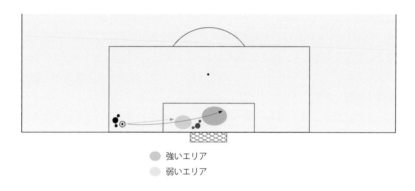

● 強いエリア
● 弱いエリア

c　ゴール前の状況を確認する

ここからは、「完全に正対して構える」ポジションに立っていることを基準として
説明していきます。

深いエリアに相手選手が侵入してきた場合、守備側にとっては非常に危険な状
況で、時間的余裕はまったくなく、ボールから離すと危険です。図の場合、GK
に時間があるのは中央からボールサイドにポジション修正している間だけですが、
相手がドリブルで入ってきているときには、ボールから目を離すことができない場
合が多くなります。

そうした中でもゴール前の状況を確認できるとすれば、やはり相手選手がペナル

5

GKの技術・戦術とトレーニング方法

ティーエリアの中に「侵入してくるかも」という、危険な状況になる前の時点になるでしょう。その時点でゴール前の状況を事前に確認しておき、いざ侵入されたときにもゴール前の状況をある程度把握できた状態で、次の局面に対応できるようにしましょう。

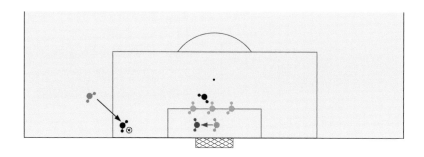

Ⓓ 味方との連携（コーチング含む）

非常に危険な状況の中では、GK が味方選手に伝えられ、伝わる言葉は、おそらくひと言程度になります。

自分たちがゴール前でどのように守備をするのか明確であれば、GK にしか伝えられない場所である「死角」となる位置（遠く）から順に、味方選手に伝えるようにしましょう。

ただ、ボール保持者がフリーだったり、プレッシャーがかかっていないようであれば、声をかけるよりもボールに集中し、次に起こりそうなことに準備しましょう。

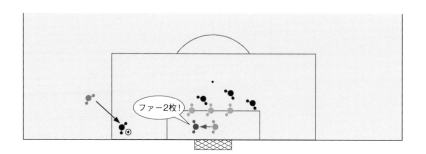

次は、相手がパスを選択したときの対応を見ていきましょう。

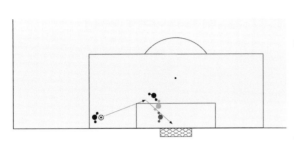

ボール保持者はニアのエリアが消されている場合、マイナスにパスを出すことが考えられます。相手FW（青）にとっては、味方選手（オレンジ）の前に入ってシュートを打たなければ、相手に阻止される可能性が高くなるので、この場面では右足でのシュートが最も可能性のあるシュートとなります。

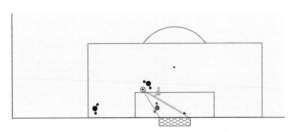

左の図の場合はどうでしょうか？
この状況では、ファーサイドへのシュートは守備選手（オレンジ）に当たる可能性があり、また、角度が狭いのでファーポストの外にボールが外れる可能性も高くなります。

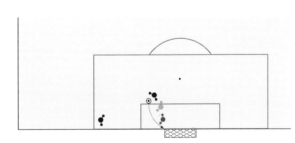

このシーンでは、相手FWはファーサイドへシュートを打つよりも、ボールの回転も含めるとニアサイドのほうがシュートを打ちやすいと考えられます。
一方、GKは、このシーンではやや中央寄りにポジションを修正したくなります。そして左（外）から右（中）にポジションを修正すると、体重は右にかかってしまうので、そのときに相手FWがニアにシュートを打ってきた場合、対応が難しくなります。
つまり、味方と連携して守る場合は、特にゴール前で角度が限定されている場合は、GKはニアへのシュート（この場合はGKの左側）を守れるポジションに立ったほうが、失点を防ぐ可能性は高くなります。特に深い位置からのマイナスボールで味方と連携が取れている場合は、お互いが守る場所を意識することで守れる可能性が高くなります。

深い位置からのクロスに対しての選択肢は

　　出る→キャッチ or パンチング
　　出ない→味方がクリアー or まれに胸 (や頭) コントロールでのバックパス

のいずれかになります。それ以外では相手の攻撃に備える必要があります。

それぞれに役割や定められたポジションがあったほうが、お互いが連携を取り適切な判断をしやすいと思います。ゴール前の一瞬の迷いや一瞬の駆け引きで勝負が決まってしまう位置なので、判断を迷っている時間はありません。GKは絶対にキャッチできると思うボールはキャッチに行き、それ以外のボールはとにかく大きく、強く弾いてボールをゴールから遠ざけましょう。GKも味方もひとつのボールをお見合いしてしまうなら、お互いがボールを譲らないで重なってしまうほうがいいという気持ちを持ってプレーしましょう。

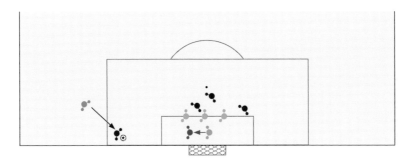

判断力（空間認知）を
養うトレーニング

その3

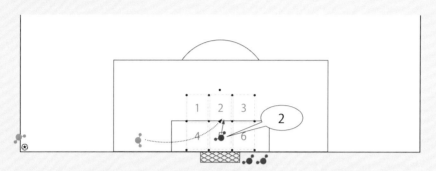

ゴール前を6分割に分けます（難易度が高ければ2分割・4分割にする）。コーナーキック（CK）のポジションを取り（上図では右足でボールを蹴るイメージ）、GKはコーチが手で投げたボールの落下地点を見極め、事前にキャッチする場所の番号を言ってから移動を開始し、ボールをキャッチします。自分のキャッチした場所と伝えた番号が合っているかを確認しながら行います。慣れてきたらボールの位置を離していき、最終的には実際に蹴ったボールで行いましょう。

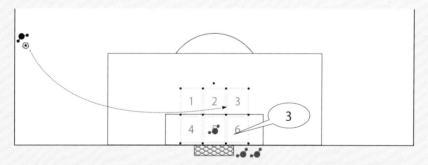

ゴール前を6分割に分けます（難易度が高ければ2分割・4分割にする）。ボール保持者がクロスボールを蹴り、GKは落下地点を見極めて、事前にキャッチする場所の番号を言ってから移動を開始し、ボールをキャッチします。エリアの境目にボールが来る場合（図の場合）は、ボールの進行方向の番号を言います。ボール保持者はいろいろな場所を目がけてボールを蹴りましょう。

正しい落下地点の見極めができていないと、事前に言う番号とキャッチする場所の番号が合いません。このトレーニングを続けることで、空間認知を養うことができるでしょう。

Ⓕ ワンタッチクロスに対する準備

深い位置からのワンタッチクロスに関しては、シュートの可能性もある距離のため、ボールから目を離すのは危険です。

ボールを蹴られそうなタイミングで思い出したようにゴール前の状況を確認しようとすると、時間に余裕がないために、十分にゴール前の状況を把握することはできません。しかし、ゴール前の状況をしっかりと把握しておいたほうが、次に何が起こりそうかの予測ができるようになります。

ここでも深い位置にパスを出される前に、ゴール前の状況把握を行っておくことが大事になります。ゴール前の状況を事前に把握した状態をつくることでボールに集中することができるはずです。

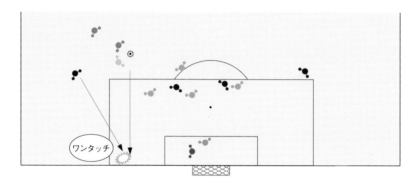

Ⓖ 広い範囲を守る（足の運び）

GK が、ボールに対して正対して構えると、マイナスにボールを入れてくるか、頭越しにファーサイドにボールを入れてくることが予想されます。特にファーサイドへのクロスボールは、頭を越されたボールの場合は対空時間があり、甘いボールには足を運んで飛び出していきましょう。クロスボールを奪いに行けないと判断したときに初めて、シュートに対するポジションに修正しシュートに備えましょう。

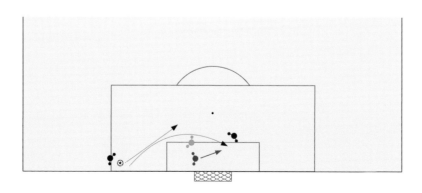

深い位置からのクロスボールでも同様に、足を運ぶ際に一番意識することは、「ボールを常に自分の斜め上」の位置に置きながら足を運ぶことです。

下図の状況でいえば、ボールを自分の視野の右斜め上に置きます。斜め上にボールがある状況でピントが合えば、スムーズに足を運ぶことができます。

常に「斜め上」を意識する

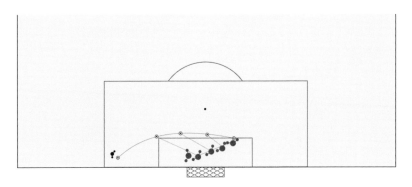

⑤ 深い位置からのクロス対応
正対（ポストを触る）

キッカーの視点

キッカーから見ると、GK とニアポストの間へシュートしても得点するのはかなり難しいと感じられます。一方、GK の左側（左腕）の前のスペースにはボールを入れやすいと感じるポジションになります。

⑤ 深い位置からのクロス対応

正対（ポストから離れる）

GOOD EXAMPLE

キッカーの視点

正面

GK がポストから離れて構えることで、キッカーの視点では GK の左側（左腕）に対しては、ニアへのボールを入れにくくなります。GK は自分の後方にゴールがあるとイメージして、そのゴール幅だけはボールを通過させないように意識しましょう。ただし、ゴール正面から見るとゴール幅は空いていると感じられるポジションなので、頭を越されたときには味方と連携してゴールを守ることが大事になります。

⑤ 深い位置からのクロス対応

半身

キッカーの視点

正面

正面から見ると、正対するときに比べてファーサイドへのボールには行きやすい身体の向きをしていることがわかります。一方、キッカーの視点から見ると、GKの左足が中を向いているので、GKの前のスペース（ニア）へのボールには一瞬出だしが遅れてしまう可能性があります。

5

GKの技術・戦術とトレーニング方法

⑤ 深い位置からのクロス対応

	運動神経習得時期	基礎技術習得時期			
	U-10	**U-11**	**U-12**	**U-13**	
技術的要素				・サイドからのクロスのオーバーハンドキャッチ・アンダーハンドキャッチ・コラプシングでのキャッチ	
コーディネーション/組み合わせ				・空間認知のトレーニング	
個人戦術			・ボールを奪うチャレンジをさせる ・失敗は追及しない	・クロスボールを積極的に狙う ・失敗は追及しない ・ニアのエリアを守るポジショニングを知る ・事前にゴール前の状況を確認する	
グループ・チーム戦術					

ボール・ゴールサイズ変更

5　GKの技術・戦術とトレーニング方法

	基礎技術発揮時期		実力（応用技術）発揮時期		完成時期
	U-14	**U-15**	**U-16**	**U-17**	**U-18**
	・空間認知のトレーニング ・ファーサイドへの足の運び、ステップワーク	・ファーサイドへの足の運び、ステップワーク			
	・クロスに出られないときのポジショニング、ポジション修正 ・死角となっている部分をコーチングしているかを確認する ・ワンタッチクロスに対して準備する	・死角となっている部分をコーチングしているかを確認する ・ワンタッチクロスに対して準備する			
	・自分がボールを処理するか、味方に任せるかの判断の質を高める ・コーチから見て良い連携が取れているか確認し、できていない場合はディスカッションする ・選手同士でもディスカッションする場を設ける ・映像を用いたディスカッション ・CK ・FK	・ペナルティーエリア内でゴールを向かい合わせにしてクロス攻防	・ペナルティーエリア内でゴールを向かい合わせにしてクロス攻防		

青字は、本格的なトレーニング時期が始まるまでの、事前準備時期に行うトレーニング

5

GKの技術・戦術とトレーニング方法

2　ゴールディフェンス

現在プロで活躍している GK は、育成年代の頃から「ビックセーブ」と呼ばれるようなセーブを数多くして、幾度となくチームを救ってきました。

近年 GK に求められる要素は多岐にわたりますが、最終的には、どれだけシュートを止められるか、どれだけゴールを守れるかが最も重要であり、それは今までも、そして、これからも変わりはありません。

ゴールディフェンスは 6 つの要素に分けることができます。

トレーニング開始時期

		運動神経習得時期	基礎技術習得時期		基礎技術発揮時期			実力(応用技術)発揮時期		完成時期
		U-10	U-11	U-12	U-13	U-14	U-15	U-16	U-17	U-18
①キャッチング	オーバーハンドキャッチ	※	○							
	アンダーハンドキャッチ	○								
②ポジショニング	左右		○							
	前後			○						
③コラプシング	足を抜く		○							
	足を抜く＋片足ダイビング					○				
④ダイビング	グラウンダー		※	○						
	ミドルハイ				○					
	ハイ					○				
	ハイパワー							○		
⑤ディフレクション（弾く技術）	グラウンダー				○					
	ショートバウンド				○					
	浮き球（横方向）					○				
	浮き球（上方向）					○				
	キャッチ or 弾くの判断					○				
	弾く位置・強さ					○				
⑥起き上がり	同方向起き上がり				○					
	逆方向起き上がり						○			

　□ 技術的な要素　　　　　　　　　　○ —— トレーニング開始時期

　▨ 戦術的な要素を含む　　　　　　　※ —— 事前準備時期

トレーニングの計画と方法

① キャッチング

キャッチングとは、GK がプレーする際に最も多く用いる技術です。ボールをキャッチするということは、相手の得点の機会を奪い、味方の攻撃をスタートさせる役割も担っていて、攻守両面において重要になります。

ここでは、オーバーハンドとアンダーハンドの 2 種類に分けて説明していきます。使い分けの基準は、個人差もあると思いますが、主に、胸の高さよりも上はオーバーハンドキャッチ、胸よりも下はアンダーハンドキャッチを用います。いずれにしてもしっかりとボールを落とさずにつかむことが必要になります。

しかし、近年のボールは得点が多く入るように改良され続けているので、速いシュートや不規則な回転のシュートはつかみにくくなっています。ボールのスピードや軌道によっては、意図的に一度落として（コントロール）してつかむことや、意図的に味方に、または相手のいない方向に弾く（ディフレクション）必要性も出てきています。

ただ、ボールを一回でしっかりとつかむことが一番であることに変わりはありません。トレーニングの最初に行うのもキャッチングが多いと思いますが、今一度アップの時点からつかむことにこだわっていきましょう。

ドイツでは、グラウンダーのシュートに対して足を横に曲げる時間がないという理由から、足で壁をつくらずに股は開いたままの姿勢でキャッチすることが推奨されていました。

ここではそのキャッチの方法を紹介しますが、ファンブルしてしまうと股の間をボールが通過してしまう可能性もあるので、必要に応じて従来どおり足を横に曲げる技術と使い分けをできるように心がけましょう。

① キャッチング
オーバーハンドキャッチ（正面キャッチ）

G O O D   E X A M P L E

さまざまな高さや方向にボールが来ても対応できるように、高すぎず低すぎず、動きやすい構えを取ります。主に胸より上のボールに対しては手を上げてボールをキャッチします。ボールが放たれてから腕を出し、腕は顔に近すぎず遠すぎず、力まずに手に力が入っている距離で、顔の前でボールをキャッチします。キャッチするまでボールをしっかり見ましょう。

5

GKの技術・戦術とトレーニング方法

手の形は三角形または"W"にして、手のひらでボールと同じ丸みをつくり、手全体でボールをつかみましょう。後方にボールが抜けないようにするためには、親指と人差し指がボールの進行方向の後ろにしっかり入っていることが重要です。5本の指を大きく開いてひとつひとつの指の距離を取り、手全体、指全体でボールをつかみましょう。

BAD EXAMPLE

キャッチするときに、構えた姿勢から上半身がのけぞるような姿勢になると、先に腕が出てしまい、ボールをキャッチする際に上から押さえつけた形になったり、DFなどに当たってシュートの軌道が変化した場合などに、足をとっさに動かしにくくなります。構えた姿勢から背中が後ろに傾かないように注意しましょう。

① キャッチング
オーバーハンドキャッチ（正面キャッチ）

	運動神経習得時期	基礎技術習得時期			
	U-10	**U-11**	**U-12**	**U-13**	
技術的要素	・投げたボールをつかむ ・手の形など細かいことは気にしない	・投げたボールをつかむ ・キャッチングフォームの習得 ・指を大きく開いてボールをつかむ ・腕を出すタイミング（ボールを投げられてから腕を出す）	・軽く蹴ったボールをつかむ ・キャッチングフォームの習得 ・指を大きく開いてボールをつかむ ・一回でボールをつかむ ・その場でのジャンプキャッチ	・蹴ったボールをつかむ ・キャッチングフォームの習得 ・一回でボールをつかむ ・その場でのジャンプキャッチ ・足を運びながらの正面キャッチ	
コーディネーション/組み合わせ	・ドッジボール ・空間認知 ・ボールを使った運動	・いろいろな回転に慣れさせる ・さまざまなボールを用いて、手の感覚を養う	・ポジション修正をしながら ・サイドステップ ・クロスステップ ・オーバーハンド/アンダーハンドどちらも可能な高さのボールを器用につかむ	・ポジション修正をしながら ・サイドステップ ・クロスステップ ・オーバーハンド/アンダーハンドどちらも可能な高さのボールを器用につかむ	
個人戦術		・ポジショニング（左右）	・ポジショニング（前後）	ポジショニング（前後左右）	
グループ・チーム戦術					

青字は、本格的なトレーニング時期が始まるまでの、事前準備時期に行うトレーニング

ボール・ゴールサイズ変更

5　GKの技術・戦術とトレーニング方法

	基礎技術発揮時期		実力 (応用技術) 発揮時期		完成時期
	U-14	**U-15**	**U-16**	**U-17**	**U-18**
	・強く蹴ったボールをつかむ ・一回でボールをつかむ	・強く蹴ったボールをつかむ ・ボールコントロール（意図的にボールを落とし、ワンバウンドさせてキャッチ）	・ボールを一回でつかむ。弾かないでつかむことを再度要求する	・ボールを一回でつかむ。弾かないでつかむことを再度要求する	
			・負荷をかけた状態での正しいキャッチ ・連続したキャッチング動作 ・キャッチングのあとですぐに技術的なアクションを入れる	・負荷をかけた状態での正しいキャッチ ・連続したキャッチング動作 ・キャッチングのあとですぐに技術的なアクションを入れる	・負荷をかけた状態での正しいキャッチ ・連続したキャッチング動作 ・キャッチングのあとですぐに技術的なアクションを入れる
	・キャッチ or 弾くの使い分け	・キャッチ or 弾くの使い分け			

① キャッチング
アンダーハンドキャッチ (浮き球・グラウンダー)

G O O D　E X A M P L E

特に近距離からのシュートに対して、足を曲げて壁 (面) をつくることなく腕だけでボールをキャッチします。構えたときの足の向きや歩幅を変えることなく、膝を曲げるだけで済むので、素早く腕を下に向けることができます。脇をしっかりと締めてボールが抜けないように注意しましょう。正面、グラウンダー、コラプシング、いずれも同じ構え、同じ歩幅で対応が可能になるため、GK が手を広げて届く範囲へのシュート対応は強くなります。

5
GKの技術・戦術とトレーニング方法

膝を曲げ、脇を締めて、身体の前でボールをキャッチします。キャッチするまでボールをしっかりと見ましょう。

BAD EXAMPLE

1

2

3

キャッチする際に腕が締まっていなければ、ボールが腕と腕の間を抜けてしまう可能性があるので注意しましょう。

① キャッチング
アンダーハンドキャッチ（浮き球・グラウンダー）

	運動神経習得時期	基礎技術習得時期			
	U-10	**U-11**	**U-12**	**U-13**	
技術的要素	・投げたボールをつかむ ・後ろにこぼさない ・脇を閉める	・軽く蹴ったボールをつかむ ・後ろにこぼさない ・脇を閉める	・軽く蹴ったボールをつかむ ・後ろにこぼさない ・脇を閉める	・蹴ったボールをつかむ	
コーディネーション / 組み合わせ	・ドッジボール ・空間認知 ・ボールを使った運動	・グラウンダーボール ・バウンドボール		・ポジション修正をしながら ・オーバーハンドとアンダーハンドの使い分け ・コラプシングとの使い分け	
個人戦術		・ポジショニング（左右）	・ポジショニング（前後）	ポジショニング（前後左右）	
グループ・チーム戦術					

青字は、本格的なトレーニング時期が始まるまでの、
事前準備時期に行うトレーニング

ボール・ゴールサイズ変更

5
GKの技術・戦術とトレーニング方法

	基礎技術発揮時期		実力 (応用技術) 発揮時期		完成時期
	U-14	**U-15**	**U-16**	**U-17**	**U-18**
	・強く蹴ったボールをつかむ	・強く蹴ったボールをつかむ			
	・コラプシングとの使い分け	・コラプシングとの使い分け	・負荷をかけた状態での正しいキャッチ ・連続したキャッチング動作 ・キャッチングのあとですぐに技術的なアクションを入れる	・負荷をかけた状態での正しいキャッチ ・連続したキャッチング動作 ・キャッチングのあとですぐに技術的なアクションを入れる	・負荷をかけた状態での正しいキャッチ ・連続したキャッチング動作 ・キャッチングのあとですぐに技術的なアクションを入れる
	・キャッチ or 弾くの使い分け	・キャッチ or 弾くの使い分け			

② ポジショニング

どんなに GK の技術やフィジカル能力が高くても、ポジショニングが悪ければ、相手は空いているコースにシュートし得点することは難しくありません。一方、相手にシュートコースがないと思わせ、ニア・ファーのどちらにシュートを打てばいいかを迷わせるようなポジションに立ち、技術を発揮することで、失点の可能性は格段に低くなります。

相手のレベルが高くなればなるほど、さまざまなスピードが上がり、GK もそのスピードに合わせた予測やポジション修正のスピードが求められます。状況に合わせて、サイドステップ、クロスステップを適切に使い分けながら、常に良いポジションに立てるように訓練していきましょう。

育成年代では、「良いポジションがどこなのか」を頭で理解することはもちろん大事ですが、身体で覚えることも重要です。学年が上がるにつれて、同じ場所からのシュートやポジション修正を繰り返し行うのではなく、さまざまな位置や角度、距離からトレーニングを行い、その精度を高めていくことで、実戦の中で良いポジションに立ち続けることができるようになります。相手の位置（ボール）、ボールの持ち方、ポストや PK マークの位置で素早くポジションを調整できるようにしていきましょう。

また、シューターの視点に立ち、GK のポジショニングがどのように映っているのかを知ることも大事になります。GK の視点だけではなく、相手側の視点も育成年代から意識するようになれば、さまざまなケースで活用できるようになります。

常に正しいポジションを
取ることが"正解"とは限らない？

GKのポジショニングを考える際に、ボールに対して常に正しいポジションを取り続けることは良いことだと認識しています。しかし、特に角度がない位置に関しては、例外もあると考えています。

例えば、相手チームのボールが中央からサイドへと渡り、そのボールをサイドの相手選手がワンタッチでファーサイドにシュートを打ってゴールを決めるというシーンは、試合の中でもよく見られる印象です。

なぜ角度があまりないにもかかわらず、ゴールを決められてしまうことが多いのでしょうか？
私の見解は以下のとおりです。

例えば、GKから見てペナルティーアーク付近からペナルティーエリア内の右サイドの選手にボールが渡った際、GKがボールに対して常に良いポジションを取り続けていると、GKは体重を中央（左）からサイド（右）に移動させています。そうすると、シュートを打たれた瞬間は、右に体重がかかっていることになります。移動している方向とは逆にシュートを打たれると、たとえ角度が狭くなっていたとしても、シュート対応の難易度は高くなってしまいます。

ここでは、先にシュートポジションに入って、左右均等に体重をかけたほうが守れる可能性が高いと感じています。こうしたシーンに出合った際には、ぜひ一度試してみてください。このほうが守りやすいと感じるようであれば、取り入れてみるのも良いでしょう。

このように、必ずしもボールに対して常にポジションを取り続けることが正解とは限らないシーンも存在すると思っています。常識や定説どおりに行っていてもなかなかゴールを守れないと感じたときは、自分自身でいろいろな守り方を試してみるのもひとつの選択肢ではないでしょうか。

② ポジショニング
Ⓐ 左右のポジショニング

G O O D　E X A M P L E

左右に対する正しいポジショニングは、ボールと両ポストを結び、その線を二等分した線上に立つことです。GK側からは良いポジションに立っているか確認できないので、キッカー側からどちらかのサイドが空いていないかを指摘してもらい、素早く良いポジションに立てるように意識しましょう。

B A D　E X A M P L E

GKが正しいポジションから一歩中央に動くと、ニアサイドが空いてしまうことがわかります。練習でポジションが悪いと指摘されたり修正が必要になった場合は、その都度ポストやPKマークの位置を確認し、距離感を確かめましょう。

GKが正しいポジションから一歩ニアに動くと、ファーサイドが空いてしまうことがわかります。練習でポジションが悪いと指摘されたり修正が必要になった場合は、その都度ポストやPKマークの位置を確認し、距離感を確かめましょう。

② ポジショニング

Ⓑ 前後のポジショニング

GOOD EXAMPLE

ボールに対するプレッシャーや相手のボールの持ち方にもよりますが、目安としてはゴールエリアのラインとゴールラインの間に立ちましょう。ポジションを前にすることで守れる場合もありますが、ここではボール保持者と距離を取り反応する時間を稼ぐことを優先します。

BAD EXAMPLE

ポジションが高いことで、頭上を簡単に抜かれたり、山なりのボールに対応できないことがあります。またゴール前で敵味方が混在していて、GKの前で誰かがボールに触る可能性があるときには、距離が近いとボールの急な変化に対応できない場合があります。

ゴールライン上まで低くポジションを取ると、ダイビングの際にポストに当たる危険性があり、思い切ってダイビングできなくなる可能性もあります。また、こぼれ球がGK方向に流れてきても、距離が遠いと奪いに行くまでに時間がかかってしまう可能性があるので、低すぎるポジションにならないように注意しましょう。

③ コラプシング

コラプシングとは、その場で片足を払い、その場に倒れてボールに対応する技術のことを指します。その場に倒れて手を伸ばして届く範囲の距離に対応するので、角度が狭いZONE1、ZONE2からのシュートや、近い距離からのシュートに対して用いる技術となります。

コラプシングには2種類あります。

ひとつ目は、片方の足をもう片方の前方に払って、そのまま上半身を素早く真下に落下させてボールをセーブする技術です。構えている足幅よりも内側にボールが来たときはアンダーハンドの正面キャッチ、外側にボールが来たときはコラプシングと、飛んでくるボールに合わせてスムーズに用いる技術を変えられるように訓練することが大事になります。

ふたつ目は、片方の足をもう片方の後方に払い、支えている足で地面を蹴り、ひとつ目よりも少し遠くまでセーブする技術です。シュートが相手や味方に当たりコースが変わった場合や、逆を突かれたシュートに対応するときに用います。この技術は、練習を行わないと実戦でとっさに使うことが難しい技術なので、定期的にトレーニングを行い、身体に覚えさせておく必要があります。

ZONE の区分けから見える

"ドイツの合理的思考"

詳しい時期まではわかりませんが、おそらく2014年ぐらいから、ドイツでゴール前の守備対応が3つのZONEで区分けされるようになりました。これにより、ボールの位置によって使うテクニックが明確になりました。

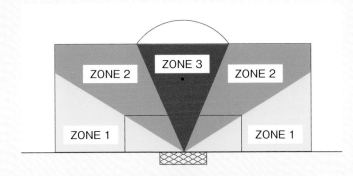

ZONE1：立っているだけで守れるため、倒れずにしっかりと構えて対応する

ZONE2：その場で倒れるだけで左右の幅は網羅できるため、コラプシングで対応する

ZONE3：コースが広くてダイビングしないと届かないため、ダイビングで対応する

ここで着目したいのは、このZONEの区分けがGK側の視点から考えられている点です。

例えば第3章で紹介した「ボールと両ゴールポストを線で結んで三角形をつくり、二等分した線上にポジションを取る」という理論（55ページ参照）は、あくまでボールを中心に考えられているため、GKはポストの位置を確認する必要があります。しかし、ZONEの区分けでは後ろを確認する必要がありません。
さりげない部分ではありますが、こうした点からも、ドイツではいかに実践に即した理論を組み立てられているかを考えさせられます。

ただ、このZONEの区分けはあくまで大枠で整理されているため、ZONE2でもダイビングをしないとならない場面もあります（例えばインスイングでファーに巻いたシュートを打たれたときなど）。本書ではドイツで推奨されている区分けとは若干違った形で紹介させていただいています。

③ コラプシング
A 足を抜く

G O O D　　E X A M P L E

構えた足幅よりも外に来たボールに、ボール方向の足を抜いてキャッチします。構えたときに足を素早く抜けるように、両足の内側に体重が乗るように構えます。足を抜くと同時にボールが後ろに通過しないように、素早く腕を下に伸ばします。両手で届く範囲と片手で届く範囲は違うので、倒れた際にどこまで手が届くのかを知ることも重要になります。

5

GKの技術・戦術とトレーニング方法

BAD EXAMPLE

足を抜くのが遅くなったり、腕を下に伸ばすのが遅れたりすると、ボールが後ろに通過してしまう可能性が高くなります。シュートにうまく対応できない場合はフォームに原因がある可能性もあるので、何が原因かを追求していきましょう。

③ コラプシング

B 足を抜く＋片足ダイビング

G O O D   E X A M P L E

足を抜きながら地面を片足で強く蹴りダイビングします。着目すべきは抜く足を前ではなく後ろに抜いている点で、後ろに抜いたほうが片足で地面を強く蹴ることができ、守備範囲の拡大につながります。前だけでなく後ろに足を抜いた練習を意識的に行うことで、必要な場面でとっさに足を適切な方向に抜ける可能性が高まります。

5

GKの技術・戦術とトレーニング方法

BAD EXAMPLE

足を前に抜くと、地面を強く蹴れません。
地面を強く蹴ることができないため、手
を伸ばせる範囲も限られてしまいます。

③ コラプシング
Ⓐ 足を抜く　Ⓑ 足を抜く＋片足ダイビング

	運動神経習得時期	基礎技術習得時期			
	U-10	**U-11**	**U-12**	**U-13**	
技術的要素		・静止球をコラプシング	・手で転がしたボールをコラプシング ・軽く蹴ったボールをコラプシング	・蹴ったボールをコラプシング ・方向を決めずに左右に蹴られたシュートにコラプシング ・倒れる方向の手で壁をつくり後ろに通過させない	
コーディネーション/組み合わせ			・グラウンダーの正面キャッチとコラプシングの使い分け	・ポジション修正している間にGKの足元に静止球をシュートする	
個人戦術					
グループ・チーム戦術					

ボール・ゴールサイズ変更

	基礎技術発揮時期		実力 (応用技術) 発揮時期		完成時期
	U-14	**U-15**	**U-16**	**U-17**	**U-18**
	・方向を決めずに左右に蹴られたシュートにコラプシング ・足を抜きながらの片足ダイビング	・方向を決めずに左右に蹴られたシュートにコラプシング ・足を抜きながらの片足ダイビング			
	・ポジション修正している間に GK の足元にシュート ・ワンタッチシュート ・腕をしっかりと伸ばす	・ポジション修正している間に GK の足元にシュート ・ワンタッチシュート ・腕をしっかりと伸ばす	・連続動作 ・ダイビングの飛距離	・連続動作 ・ダイビングの飛距離	
	・キャッチ or 弾くの使い分け ・弾く位置、強さ	・キャッチ or 弾くの使い分け ・弾く位置、強さ	・キャッチ or 弾くの使い分け ・弾く位置、強さ		

黒字は、Ⓐ 足を抜く
赤字は、Ⓑ 足を抜く＋片足ダイビング
のトレーニングとなります。

S

GKの技術・戦術とトレーニング方法

④ ダイビング

レベルが高くなればなるほど、相手選手は GK の届かないコースにシュートを狙ってきます。GK にとっては角度が広い ZONE3 からのシュートや、ZONE2 の位置でもインスイングで蹴るボールはシュートコースが広く、ダイビングを伴うセーブが必要になります。

中学 1 年生からは正規のゴール（7.32 メートル× 2.44 メートル）を守ることになります。特に中学生年代では成長に個人差があるので、成長が遅い選手にとってはゴール幅のすべてを守ることが難しくなりますが、必要以上に筋力をつけたり、悩みすぎることなく、まずは自分の手の届く範囲、一歩の移動で守れる範囲をしっかりと守れるように意識し、成長とともにその幅を徐々に広げていきましょう。

ここではダイビングを、グラウンダー、ミドルハイ、ハイの 3 つの高さに分け、ハイパワーを加えた 4 つの項目で説明をしていきます。

Ⓐ グラウンダー

グラウンダーをダイビングする際には、ふたつの考え方があります。

① 距離が遠く（ペナルティーエリア外）、ステップを伴うダイビング

距離が遠く、シュートが飛んでくるまでに若干の時間がある場合は、ボールとの距離に合わせてサイドステップ、またはクロスステップを踏んでシュートにダイビングしましょう。

ただ、学年が上がれば上がるほど、相手のシュートスピードも上がるので、ペナルティーエリア外のシュートでも足を運んでいる時間がない場合もあります。その場合は、この次に説明するインナーダイビングを用います。ボールのスピードによって使い分けできるように訓練していきましょう。

② 距離が近く（ペナルティーエリア内）、一刻も早く行うダイビング（インナーダイビング）

距離が近く、シュートに対して足を運ぶ時間がない、しかしシュートがコースに飛んできている。そんな状況のときは、跳ぶ方向の足を素早く内側に入れてその場でダイビングします。このダイビングを「インナーダイビング」といいます。

インナーダイビングはボールに合わせて跳ぶというよりも、一刻も早くそのボー

ルの方向に跳んでしまおうというダイビングで、ボールをキャッチする際は内側の腕が十分に伸びず、ファンブルする可能性があります。その中でもキャッチすることに練習で慣れておくことと、実戦ではファンブルして失点をしないように、「ディフレクション（弾く）」を選択する必要もあります。

より遠くまで手が届くように肩甲骨の可動域を広げ、腕をしっかりと伸ばせるようにすることで、広い範囲を守れるようになります。

日本にはまだ土のグラウンドもあり、ケガ予防のために受け身を取るところから技術の習得（ローリングダウン）を行いますが、ゴールを守るためには、足を運ぶよりもすぐに跳んだほうが守れるという考え方も存在することを知っておきましょう。

④ ダイビング
Ⓐ グラウンダー

GOOD EXAMPLE

構えた位置から跳ぶ方向の足だけを内側に入れて一気にダイビングします。より遠くまでダイビングする場合は、跳ぶ方向の腕を伸ばした際に、もう片方の腕を最も遠くの位置に意識的に広げることで、腕をより遠くまで伸ばすことができ、守備範囲の拡大につながります。着地の際は、地面から遠いほうの腕を着くことなく身体の側面から着地したほうが、最後まで腕を伸ばし続けることができます。

ボールを手で触る前に身体の側面や足が先に地面に着かないことが理想のダイビングになります。

BAD EXAMPLE

内側に入れた足で強く地面を蹴ることができないと遠くまで跳ぶことができません。また、跳ぶ方向とは反対の腕が先に地面に着いてしまうような姿勢になると、跳ぶ方向に出した腕を十分に伸ばすことができず守備範囲が限定されてしまいます。

④ ダイビング
Ⓐ グラウンダー
① ステップを伴うダイビング　② インナーダイビング

	運動神経習得時期	基礎技術習得時期			
	U-10	**U-11**	**U-12**	**U-13**	
技術的要素			・静止球のダイビング ・投げたボールにステップを踏んでダイビング	・蹴られたボールにステップを踏んでダイビング ・投げられたボールをインナーダイビング（飛距離は求めない）	
コーディネーション/組み合わせ		・肩甲骨の可動域を広げる	・肩甲骨の可動域を広げる	・肩甲骨の可動域を広げる	
個人戦術					
グループ・チーム戦術					

青字は、本格的なトレーニング時期が始まるまでの、事前準備時期に行うトレーニング

ボール・ゴールサイズ変更

5

GKの技術・戦術とトレーニング方法

	基礎技術発揮時期		実力 (応用技術) 発揮時期		完成時期
	U-14	**U-15**	**U-16**	**U-17**	**U-18**
	・蹴られたボールにステップを踏んでダイビング ・投げられたボールをインナーダイビング（飛距離は求めない）	・蹴られたボールにステップを踏んでダイビング ・投げられたボールをインナーダイビング（飛距離は求めない）			
	・ワンサイドステップ ・ワンクロスステップ ・ZONE2、3からのランダムシュート ・ZONE2からのインスイングシュート	・ワンサイドステップ ・ワンクロスステップ ・ZONE2、3からのランダムシュート ・ZONE2からのインスイングシュート	・グランダーダイビングの反復 ・グランダーダイビングしたあとに、すぐ技術的なアクション、またはセカンドボールの対応	・グランダーダイビングの反復 ・グランダーダイビングしたあとに、すぐ技術的なアクション、またはセカンドボールの対応	
	・キャッチ or 弾くの使い分け	・キャッチ or 弾くの使い分け	・キャッチ or 弾くの使い分け		

黒字は、①ステップを伴うダイビング
赤字は、②インナーダイビング
のトレーニングとなります。

Ⓑ ミドルハイ

ミドルハイのダイビングにも、ふたつの種類があります。

①距離が遠く（ペナルティーエリア外）、ステップを伴うダイビング
②距離が近く（ペナルティーエリア内）、一刻も早く行うダイビング（インナーダイビング）

膝〜腰の高さのボールは、ダイビングしたときに、身体と腕の位置が離れてしまい、ボールをキャッチし損ねることもある、意外と難しい高さです。この高さの練習を定期的に行い、触ったボールをしっかりと弾き切る習慣を身につけましょう。

また、特にインスイングでのシュートは GK の目の前でバウンドするようなボールも多く、伸ばした腕をボールの位置に合わせる必要があります。いろいろな角度からトレーニングを行い、目の前でボールの高さが変化しても対応できるように訓練していきましょう。

Ⓒ ハイ

ハイのダイビングにも、ふたつの種類があります。

①距離が遠く（ペナルティーエリア外）、ステップを伴うダイビング
②距離が近く（ペナルティーエリア内）、一刻も早く行うダイビング（インナーダイビング）

GK のトレーニングで代表的なのがこのダイビングの練習であり、得点が最も生まれやすい、GK にとってはセーブしにくい場所への対応になります。

特に中学生年代で筋力が足りないときには届かないこともありますが、身体の成長とともにスピードやジャンプ力もついてきます。中学生年代ではゴール幅すべてを守ろうとして雑なフォームやプレーにつながってしまうよりも、自分の筋力やスピードの範囲内で守れる範囲に対して素早くスマートな動きで守れるようにしたほうが、そのあとの成長とともに広い範囲を正確に守れるようになります。

5
GKの技術・戦術とトレーニング方法

D ハイパワー

大きくダイビングしないとコースには手が届かないことから、GKトレーニングの多くは、遠くに跳ぶために筋力を強化するトレーニングに比重が割かれていると思います。

しかし実際には、「この方向にボールが飛んでくるとわかる」状況で行うトレーニングにおけるダイビングと、「どこに飛んでくるかわからない」状況で行う試合におけるダイビングには違いがあります。ひたすらコーンジャンプを繰り返して筋力に負荷をかけても、実際のシュートに対してプレジャンプからのダイビングとは、着地から出力までの時間がそもそも違うため、必ずしも効果的な練習とはいえません。実際のシュートにダイビングする際に、どのようなステップとパワーが必要なのかを明確にして、その必要な要素をトレーニングしていくほうが効果的でしょう。

身体の成長には個人差があり、特に身長の伸びが著しい中学生年代に過負荷のトレーニングを行うことで、腰痛や分離症など長期のケガにつながる可能性もあるので、個人差もありますが、成長がある程度落ち着いた高校生年代から、徐々にハイパワーのトレーニングを行うことが望ましいです。

どれくらいの負荷で、どれくらいの量のトレーニングを行えばいいかわからない場合は、チームのトレーナーやフィジカルコーチ、チームドクターに相談をし、過負荷なトレーニングにならないように気をつけましょう。

④ ダイビング

B ミドルハイ

G O O D E X A M P L E

跳ぶ方向に対して肘の高さをボールの高さに合わせることで、ボールを顔の近くで見ることができ、安定した対応につながります。また、キャッチするタイミングに合わせて腕を出すことで、腕に力が入り、安定したキャッチにつながります。

浮き球の場合は、キャッチするボールの位置が GK の顔よりもやや上にあったほうが、
顔が上がり、ボールをキャッチするときに安定性が増します。

BAD EXAMPLE

跳ぶ方向に肘の高さが合っていなかったり、腕を出すタイミングが早かったり遅かったりすると、安定した対応につながりません。写真の場合は倒れるのが早くて腕が伸び切った状態になっているので、しっかりとボールをキャッチすることができていません。

④ ダイビング

© ハイ

G O O D   E X A M P L E

写真1,2のように、地面に対して可能な限り肩が平行になるように意識し、跳ぶ方向の足で地面を蹴ります。ボールをキャッチするタイミングで腕を出し、蹴り足と逆の足は空気を蹴るような意識でボールのキャッチに合わせて伸ばすことで、身体をしっかりと伸ばすことができます。着地の際はボールをこぼさないように最後までしっかりとボールを見ることとつかむことを意識しましょう。

5 GKの技術・戦術とトレーニング方法

ダイビングする方向の腕と踏み込み足が一直線になるようなフォームになっていれば、
身体がしっかりと伸びていることになります。

B A D   E X A M P L E

写真 1,2 のように、跳ぶ方向の肩が下に落ちるとボールをとらえる高さが低くなり、本来はキャッチできる高さでも弾いてしまったり、届かないという現象が起きやすくなります。また、腕を出すタイミングも重要です。先に腕を出してしまうと脇が開いてしまって、腕に十分な力が伝わらなくなる可能性が高くなり、安定した対応につながらない可能性が出てきます。

④ ダイビング

Ⓓ ハイパワー

クロスハンド

G O O D   E X A M P L E

ボール方向の足で地面を強く蹴りジャンプします。ジャンプと同時に腕をボールに出すのではなくて、ボール付近まで身体を持っていったあとに腕を出すような「二段階跳び」ができるようになると、より広い範囲まで届く可能性が高くなります。また、砲丸投げをするようにボールを腕で押し出すことで足先から手先までが伸び、さらに広い範囲まで腕が届く可能性が高くなります。

5 GKの技術・戦術とトレーニング方法

④ ダイビング
Ⓓ ハイパワー
　ワイドハンド

1

2

3

4

5

ボール方向の足で地面を強く蹴りジャンプします。上方向のボールではなく横方向のボールには、跳ぶ方向の腕を伸ばします。ジャンプと同時に腕をボールに出すのではなくて、ボール付近まで身体を持っていったあとに腕を出すような「二段階跳び」ができるようになると、より広い範囲まで届く可能性が高くなります。また、砲丸投げをするようにボールを腕で押し出すことで足先から手先までが伸び、さらに広い範囲まで腕が届く可能性が高くなります。

④ ダイビング
Ⓑ ミドルハイ　Ⓒ ハイ　Ⓓ ハイパワー

	運動神経習得時期	基礎技術習得時期			
	U-10	**U-11**	**U-12**	**U-13**	
技術的要素				・手で投げたボールを ダイビング ・バウンドしたボール へのダイビング ※いずれもミドルハイ ・投げられたボールを インナーダイビング （ミドルの高さ）	
コーディネーション /組み合わせ				・ショートバウンドの ダイビング	
個人戦術					
グループ・ チーム戦術					

ボール・
ゴールサイズ
変更

5

GKの技術・戦術とトレーニング方法

	基礎技術発揮時期		実力（応用技術）発揮時期		完成時期
	U-14	**U-15**	**U-16**	**U-17**	**U-18**
	・手で投げられたボールをダイビング ・軽く蹴られたボールをダイビング ・バウンドしたボールをダイビング ※いずれもハイ ・投げられたボールをインナーダイビング（ミドルの高さ）	・蹴られたボールをダイビング			
	・ショートバウンドのダイビング ・ZONE1、2からのシュート	・ZONE1、2からのシュート ※高校年代になるまでは、器具や重りを用いたトレーニングは行わない	・ダイビングに必要な筋力の強化	・ダイビングに必要な筋力の強化 ・連続ダイビング	・ダイビングに必要な筋力の強化 ・連続ダイビング

黒字は、Ⓑミドルハイ Ⓒハイ
赤字は、Ⓓハイパワー
のトレーニングとなります。

⑤ディフレクション

GKがボールをキャッチすることができれば攻撃に転じることができるので、ボールをキャッチすることが望ましいですが、不規則な回転のシュートや、目の前でバウンドするボールなど、ボールをキャッチするのが難しい場合もあります。

海外のGKは、守備範囲が広い反面、無理にキャッチに行ったためにキャッチミスをしたり、弾いたボールをゴール前にこぼしセカンドボールを詰められたりするシーンもたくさんあります。

状況に合わせてキャッチとディフレクションを使い分けることは非常に効果的ですが、ボールをキャッチすることで守備から攻撃に転じることができる上、チームも守備に追われることが少なくなるので、キャッチできる範囲を広げていくことが大事です。

また、私が指導に携わった日本人選手が欧州のチームに練習参加した際に、「彼はキャッチに行かずにすぐに弾く」という評価をされたこともあり、世界に出ていくという視点で考えた場合はもっとキャッチできる範囲を広げていく必要があるとも感じました。

育成年代では、まずはキャッチの守備範囲を広げることを最大の目標とし、全国につながる大会もあるU-15年代では、失点をしないためにディフレクションも効果的に使いながら勝ち上がるための最善を尽くしましょう。U-16、U-17年代では再びキャッチすることを徹底させて、育成年代の最高学年であるU-18年代からはそのどちらも状況に合わせて変化させられる判断力を磨いていくことが理想的だといえるでしょう。

ここでは、グラウンダー、ショートバウンド、浮き球の横方向と上方向の4つに分けて、それぞれ紹介します。また、いずれの場合にも常に関係してくる、キャッチor弾くの判断、弾く位置・強さについても見ていきましょう。

Ⓐ グラウンダー

Ⓑ ショートバウンド

シュートが浮くとボールはバーを越えてしまう可能性もありますが、グラウンダーのシュートはその心配がないこともあり、シュートの7割は低い高さのシュートといわれています。また、目の前でバウンドするような処理の難しいシュートも、キャッチが理想ですが、ファンブルする可能性がある場合や、そもそも触るのが精いっぱいな場合は、弾いて対応する必要があります。弾く技術のことを「ディフレクション」といいます。

グラウンダーにかかわらず、ボールをディフレクションする場合は、可能な限り"意図的に"狙った位置や方向、角度に弾くことで、こぼれ球からの失点を防ぐことができます。相手のいない方向に弾く、味方に（パスするイメージで）弾く、その両方ともできない場合は、できるだけ強く、相手選手がダイレクトでシュートを打てないような弾き方をしましょう。

そのためには、ゴール前に味方選手や相手選手がどこに、どれくらいの人数がいるのかを、シュートを打たれる前に把握しておくことが重要になります。

また、片手で弾くのか、両手で弾くのかも重要になります。

両手で弾く場合は、手の面積が単純に考えて2倍になるので、よりボールをとらえる面が広くなり安全性は高まります。無回転のボールやショートバウンドに対して、片手でしか届かない位置以外には両手で弾いたほうが安全です。

さらに遠くのボールを触るときには、片手で弾きます。片手は、肩甲骨の可動域が広くなれば届く範囲がかなり広くなるので、トレーニングの中から腕の伸びを意識してトレーニングしていきましょう。

⑤ ディフレクション
Ⓐ グラウンダー　Ⓑ ショートバウンド

G O O D　E X A M P L E

ボールが GK の近くに飛んでくるまで腕を出すのを待ち、ボールに合わせて力を"ためた"状態をつくってボールを弾きます。頭もボール方向に持っていき、ボールを触ると同時に、砲丸投げのように腕を一気に伸ばしてボールを押し出すことで強く弾くことができます。

5　GKの技術・戦術とトレーニング方法

B A D   E X A M P L E

ボールがGKの近くに飛んでくる前に腕を出して待ち構えている状態になると、弾くボールに力が十分に伝わらず、ボールが強く飛ばなくなります。また、両手と片手では届く幅が違うので、ボールとの距離に合わせて両手で行くのか片手で行くのかを変えられるようにしましょう。

⑤ ディフレクション

Ⓐ グラウンダー　Ⓑ ショートバウンド

	運動神経習得時期	基礎技術習得時期			
	U-10	**U-11**	**U-12**	**U-13**	
技術的要素				・長座の姿勢から ・基本姿勢から ・手で転がしたボール を弾く ・軽く蹴ったボールを 弾く ・両手で弾く ・片手で弾く	
コーディネーション / 組み合わせ				・肩甲骨の可動域を 広げる	
個人戦術					
グループ・チーム戦術					

ボール・ゴールサイズ変更

	基礎技術発揮時期		実力 (応用技術) 発揮時期		完成時期
	U-14	**U-15**	**U-16**	**U-17**	**U-18**
	・長座の姿勢から ・基本姿勢から ・軽く蹴ったボールを弾く ・両手で弾く ・片手で弾く	・長座の姿勢から ・基本姿勢から ・強く蹴ったボールを弾く ・両手で弾く ・片手で弾く			
	・肩甲骨の可動域を広げる ・実際のシュートで対応する	・肩甲骨の可動域を広げる ・実際のシュートで対応する			
	・弾く位置 →相手のいない方向に →サイドの方向に ・弾く強さを調節	・弾く位置 →相手のいない方向に →サイドの方向に ・弾く強さを調節			

青字は、本格的なトレーニング時期が始まるまでの、
事前準備時期に行うトレーニング

C 浮き球（横方向）

D 浮き球（上方向）

浮き球のディフレクションは、基本的にはバー方向（上方向）へはクロスハンド、ポスト方向（横方向）へはワイドハンド（跳ぶ方向）の手を伸ばします。

ヘディングでシュートを打たれて、GK の頭上を越すようなシュートが来た場合や、フリーキックで壁の上を越えてゴールに向かってくるボールを弾き出すような場面でも、多く用いられます。

グラウンダー同様、肩甲骨の可動域が広がれば腕の届く範囲が広がることや、どこにボールを弾けば失点のリスクが減るのかも意識し、計画的に練習をしていきましょう。

E キャッチ or 弾くの判断

冒頭で話したように、育成年代では、まずはキャッチの守備範囲を広げることを最大の目標とし、全国につながる大会もある U-15 年代では、失点をしないためにディフレクションも効果的に使いながら勝ち上がるための最善を尽くしましょう。U-16、U-17 年代では再びキャッチすることを徹底して、育成年代の最高学年である U-18 年代からはそのどちらも状況に合わせて変化させられる判断力を磨いていくことが理想的だといえるでしょう。

F 弾く位置・強さ

ボールを弾く際は、相手のいない方向に弾くか、味方のいる方向にパスをするような弾き方が理想です。しかし、弾く位置をコントロールできない場合は強く弾くことを心がけ、相手にボールが渡ってしまっても簡単にシュートを打てないような弾き方を心がけましょう。

"想定外"を"想定内"に
していくには？

私は公式戦でのウォーミングアップはいつも同じルーティーンで行っていますが、ウォーミング
アップの中でひとつだけ、毎回何か違うことをするようにしています。例えば、普段はシュート
を打つ場面で急に1対1を仕掛ける、普段はファーに打つ場面でニアにシュートを打つ、といっ
たことです。

柏レイソルでコーチをしていた頃に一度、普段はシュートを打っている場面で、急に1対1を
仕掛けて、トウキック（つま先でのキック）で中村航輔選手の顔を目がけてシュートを打った
ことがありました。中村選手は不意を突かれたような形でギリギリでシュートを止めましたが、
その試合の前半残り少ない時間帯で、当時ベガルタ仙台に所属していた三田啓貴選手がゴー
ル前でフリーになり、意表を突くようなタイミングで、トウキックでシュートを狙ってきたので
す。中村選手は見事にそのシュートを止めて、数分後に前半が終了しました。
ハーフタイムになり、中村選手は右手をこちらに向けて「残像が身体に残っていました」とだ
け言い残し、ロッカールームに戻りました。一瞬のやりとりでしたが、指導者をしている醍醐
味を味わうことができた瞬間でした。

このように、普段から「このコーチは何か違うことをしてくる」と選手に意識させるような仕掛
けをつくることで、いざ試合の中で想定外の状況が起きても落ち着いて対処できるようになり、
"想定内"をできる限り増やしていくことにつながっていると考えています。

⑤ ディフレクション
Ⓒ 浮き球（横方向）　Ⓓ 浮き球（上方向）

	運動神経習得時期	基礎技術習得時期			
	U-10	U-11	U-12	U-13	
技術的要素					
コーディネーション/組み合わせ					
個人戦術					
グループ・チーム戦術					

ボール・ゴールサイズ変更

5
GKの技術・戦術とトレーニング方法

	基礎技術発揮時期		実力(応用技術)発揮時期		完成時期
	U-14	U-15	U-16	U-17	U-18
	・長座姿勢から ・基本姿勢から ・投げたボールを弾く ・軽く蹴られたボールを弾く ・両手 ・片手	・長座姿勢から ・基本姿勢から ・投げたボールを弾く ・蹴られたボールを弾く ・両手 ・片手	・長座姿勢から ・基本姿勢から ・投げたボールを弾く ・蹴られたボールを弾く ・両手 ・片手		
	・肩甲骨の可動域を広げる ・実際のシュートで対応する	・肩甲骨の可動域を広げる ・実際のシュートで対応する ・ヘディングシュート ・ループシュート	・肩甲骨の可動域を広げる ・実際のシュートで対応する ・ヘディングシュート ・ループシュート ・FK		
	・弾く位置 →相手のいない方向に →サイドの方向に ・弾く強さを調節	・弾く位置 →相手のいない方向に →サイドの方向に ・弾く強さを調節	・弾く位置 →相手のいない方向に →サイドの方向に ・弾く強さを調節		

青字は、本格的なトレーニング時期が始まるまでの、
事前準備時期に行うトレーニング

⑤ ディフレクション

E キャッチ or 弾くの判断　**F** 弾く位置・強さ

	運動神経習得時期	基礎技術習得時期			
	U-10	**U-11**	**U-12**	**U-13**	
技術的要素					
コーディネーション /組み合わせ					
個人戦術					
グループ・ チーム戦術					

ボール・ ゴールサイズ 変更

5

GKの技術・戦術とトレーニング方法

基礎技術発揮時期		実力(応用技術)発揮時期		完成時期
U-14	U-15	U-16	U-17	U-18
	・キャッチできないときは弾く、使い分けの判断を行う			・キャッチできないときは弾く、使い分けの判断を行う

⑥ 起き上がり

インプレー中は GK がセーブなどをして倒れてもプレーが続くため、GK は素早く立ち上がり、次のプレーに備えなければなりません。GK の起き上がりは、倒れた方向にボールがこぼれた場合の「同方向起き上がり」と、倒れた方向の逆方向にボールがこぼれた場合の「逆方向起き上がり」の２種類があります。

さらに「同方向起き上がり」には２種類あり、「その場で起き上がる」場合と、「移動しながら起き上がる」場合があります。

いずれの起き上がり方にも共通して大事になるのは、

　　○ボールを見失わないこと
　　○起き上がりながらも腕を出せる状態でいること
　　○素早く立ち上がること

の３点です。

この３点ができるようになるには、起き上がり方の訓練をする必要があります。上半身と下半身をうまく連動させたり、筋力を使う必要もあります。身のこなしをスムーズにして、素早く起き上がれるように訓練していきましょう。

Ⓐ 同方向起き上がり

① その場で起き上がり

倒れた場所からそのまま起き上がれば良いポジションにいられる場合は、その場で起き上がりましょう。その場で立つ場合は、倒れた姿勢で一度腕を頭の上に持っていき、一気にお腹方向に腕を引き、その反動で足を曲げて起き上がります。

② 移動しながらの起き上がり

シュートをセーブして倒れ、倒れた方向にさらにポジション修正が必要なときは、身体は完全には地面に着かずに腕で身体を支えながら起き上がりましょう。この起き上がり方は、腕の筋力が必要になるため、U-15 または U-16 年代から開始するのが理想です。

Ⓑ 逆方向起き上がり

倒れたときに、倒れた方向の足の小指（側面）と、背中（肩）を軸にして身体を反転させ、逆方向の足の小指（側面）と腕を支えとして徐々に起き上がります。そのときに、もう片方の腕は自由が利くようにしておくことで、相手にシュートを打たれても片手でシュートに対応できる可能性があります。

⑥ 起き上がり

Ⓐ 同方向起き上がり

① その場で起き上がり

G O O D   E X A M P L E

倒れたときに一度腕を伸ばし、腕を一気にお腹の方向に引くと同時に倒れている方向の足を曲げ、倒れている方向の腕を引くと同時に地面に着き、反動を使って起き上がります。起き上がろうとしている間もボールから目を離さず、また、反対の手はとっさにシュートを打たれても動かせるように準備しておくことが大事になります。

5
GKの技術・戦術とトレーニング方法

BAD EXAMPLE

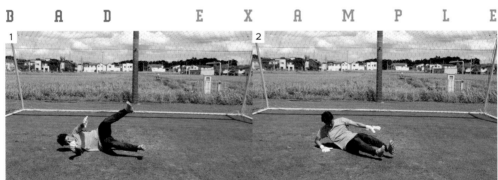

お腹の方向に腕を引くと同時に足を曲げないと、腹筋の力だけで起き上がることになるため、上半身が起き上がるまで足を動かすこともできなくなり、起き上がりに時間がかかります。また、その際にはバランスを取るために腕も使うので、とっさに身体を自由に動かすことができなくなります。

⑥ 起き上がり
Ⓐ 同方向起き上がり
② 移動しながらの起き上がり

G O O D　E X A M P L E

1

2

5

倒れかかっている身体を、倒れている方向の腕を使って支え、反対の腕を、身体を支えている腕よりも進行方向に出し、それと同時に足も一歩出して起き上がり、足も着きながら徐々に起き上がります。そのときにボールから目を離さないようにして次のプレーに備えましょう。

3 **4**

B A D   E X A M P L E

倒れたときに手を頭のほうに上げてしまうと、起き上がるためにいったん手をお腹の方向に引いてから起き上がることになるので時間がかかってしまいます。

⑥ 起き上がり
Ⓐ 同方向起き上がり
① その場で起き上がり　② 移動しながらの起き上がり

	運動神経習得時期	基礎技術習得時期			
	U-10	**U-11**	**U-12**	**U-13**	
技術的要素				・倒れた姿勢から、合図でその場で起き上がる ・膝立ちの姿勢から横に倒れ、素早く起き上がる	
コーディネーション/組み合わせ					
個人戦術					
グループ・チーム戦術					

ボール・ゴールサイズ変更

	基礎技術発揮時期		実力（応用技術）発揮時期		完成時期
	U-14	**U-15**	**U-16**	**U-17**	**U-18**
	・ボールを弾いて倒れ、素早くその場で起き上がる	・身体は地面に着かず、腕だけで身体を支えている姿勢から起き上がる ・基本姿勢から倒れ、素早く移動しながら立ち上がる	・身体は地面に着かず、腕だけで身体を支えている姿勢から起き上がる ・基本姿勢から倒れ、素早く移動しながら立ち上がる	・身体は地面に着かず、腕だけで身体を支えている姿勢から起き上がる ・基本姿勢から倒れ、素早く移動しながら立ち上がる	
	・連続で左右に倒れて起き上がる	・連続で左右に倒れて起き上がる ・腕立て伏せ ・片手腕立て伏せ（お尻を着きながら）	・連続で左右に倒れて起き上がる ・腕立て伏せ ・片手腕立て伏せ	・連続で左右に倒れて起き上がる ・腕立て伏せ ・片手腕立て伏せ	

黒字は、①その場で起き上がり
赤字は、②移動しながらの起き上がり
のトレーニングとなります。

⑥ 起き上がり
Ｂ 逆方向起き上がり

G O O D   E X A M P L E

倒れたときに、倒れた方向の足の小指（側面）と、背中（肩）を軸にして身体を反転させ、逆方向の足の小指（側面）と腕を支えとして徐々に起き上がります。そのときに、もう片方の腕は自由が利くようにしておくことで、相手にシュートを打たれても片手でシュートに対応できる可能性があります。

BAD EXAMPLE

反転してから両手が着いてしまうと、とっさにシュートを打たれたときに対応できなくなってしまいます。また、手を着いて進むことと起き上がることを同時にしないと移動距離を稼げなくなるため、次への対応が遅れてしまいます。

⑥ 起き上がり
Ⓑ 逆方向起き上がり

	運動神経習得時期	基礎技術習得時期			
	U-10	**U-11**	**U-12**	**U-13**	
技術的要素					
コーディネーション/組み合わせ					
個人戦術					
グループ・チーム戦術					

ボール・
ゴールサイズ
変更

5

GKの技術・戦術とトレーニング方法

	基礎技術発揮時期		実力 (応用技術) 発揮時期		完成時期
	U-14	**U-15**	**U-16**	**U-17**	**U-18**
	・長座を左右交互に	・横に倒れた姿勢から反転して起き上がる（最初はゆっくり） ・ゆっくり倒れて反転して起き上がる	・基本姿勢から ・軽くダイビングしてから	・基本姿勢から ・軽くダイビングしてから	・基本姿勢から ・軽くダイビングしてから
	・長座で腹筋を鍛える		・反転して起き上がっている最中にシュートを打ち、片手で対応する	・連続で左右に倒れ、反転して起き上がる	・連続で左右に倒れ、反転して起き上がる

青字は、本格的なトレーニング時期が始まるまでの、
事前準備時期に行うトレーニング

5

GKの技術・戦術とトレーニング方法

3　　1 対 1

1対1の状況は、ペナルティーエリア内でボール保持者とGKが1対1になっていて、味方DF陣が遅れて自陣ゴール方向に戻ろうとしていると想定されます。これまでは、1対1は「前にアタックする」か「止まる（構える）」のどちらかというのが定説でしたが、ここ近年では、「下がる」という選択をするケースも見られるようになりました。

選択肢が増えた要因としては、判断基準が明確になったからだといえます。その判断基準とは（個人差はあると思いますが）、

1対1で相手と「3〜5メートル」の距離で対応することを可能な限り避ける

というものです。

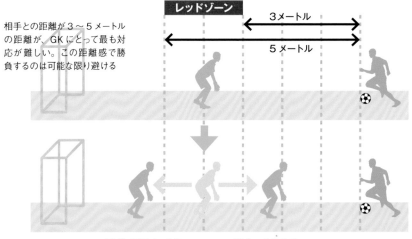

相手との距離が3〜5メートルの距離が、GKにとって最も対応が難しい。この距離感で勝負するのは可能な限り避ける

レッドゾーン　　3メートル　　5メートル

下がって5メートル以上距離を取り、シュートに対応する　**or**　間合いを詰めて3メートル以内に持ち込む

この3〜5メートルの距離は【レッドゾーン】と呼ばれ、GKにとっては最も対応が難しい距離だといえます。相手のシュートコースを消せるほど間合いを詰められているわけではなく、シュートに対応するには距離が近すぎるためです。この判断基準により、3メートル以内まで間合いを詰められないときには、相手との距離を5メートル以上取るために「下がる」という選択肢が出てくるようになりました。GKが仕掛けないことで味方DFが戻る時間をつくり、味方の援護を待ってシュートに対応するイメージです。

1対1で最も望ましいのは相手のボールを奪うこと（フロントダイビング）ですが、ボールを奪おうとダイビングした際に相手が先にボールを触った場合にはPKを与えてしまう可能性もあります。そのため、GKが必ず先にボールに触れると判断した場合はフロントダイビングをし、それ以外はブロックで対応するべきだと考えています。

失点をしないことを最優先とし、ボールを奪うことを目標としながらも、その状況で質の高い判断を下せるように日頃から訓練していきましょう。

ここでは、1対1に必要な要素を分けてそれぞれ説明していきます。

トレーニング開始時期

	運動神経習得時期	基礎技術習得時期		基礎技術発揮時期			実力(応用技術)発揮時期		完成時期
	U-10	U-11	U-12	U-13	U-14	U-15	U-16	U-17	U-18
①相手のコントロールミス（ファーストタッチ）を狙っているか		○							
②相手のコントロールミスを狙えるポジションについているか			○						
③ピックアップ		○							
④フロントダイビング				○					
⑤L字ブロック			○						
⑥フットブロック				○					
⑦適切な判断（寄せるor止まるor下がる／L字ブロックorフットブロックなど）					○				
⑧近距離対応					○				
⑨フットセーブ				○					
⑩粘り強い対応（ドリブルについていく／キックフェイントに倒れないなど）					○				
⑪身体を張る					○				

☐ 技術的な要素
☐ 戦術的な要素を含む

○ ── トレーニング開始時期

トレーニングの計画と方法

① 相手のコントロールミス（ファーストタッチ）を狙っているか

スペースディフェンスと同様に、相手にシュートを打たれる前にボールを奪うことが望ましく、相手にとってもゴール前は一番プレッシャーのかかる位置で、タッチが大きくなったり、コントロールミスをすることも多く起こります。

GKはこれまで同様、まずはボールを奪うことを優先に考えて準備しましょう。ファーストタッチが大きくなったり、コントロールミスで相手の足元からボールが離れたときなどに隙を逃さず対応できるように心がけましょう。

② 相手のコントロールミスを狙えるポジションに ついているか

相手のファーストタッチが大きくなったりコントロールミスがあったとしても、それを狙っていなければ、意図的にボールを奪える可能性が低くなります。また、スピードを上げて後方に下がっている場合も、相手のコントロールミスを狙うことが難しくなります。

ここでいうポジショニングとは、「止まっている」状態を指します。

これまで同様、「1対1になりそう」「相手にボールを奪われそう」というときの準備が大事になりますが、1対1の場合は、いざその状況になった瞬間に相手のコントロールが大きくなったり、味方DFに当たりGKの方向にボールが来たり、ドリブルしている最中にコントロールが大きくなることもあります。

抜け出されそうなときはまず、いかに「止まっている」もしくは「前重心」でいることができるかが重要になります。さらに、相手のコントロールや状況によって、「間合いを詰める」「止まる」「下がる」を選択できるようにしましょう。

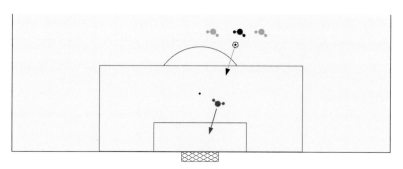

下がるだけになると、前には出られない可能性が高い

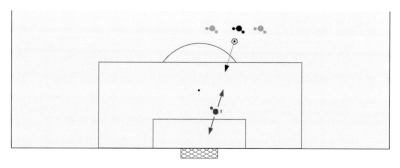

まずは前方にも後方にも移動できるように止まる。またはゆっくりと前を向いて下がる

③ ピックアップ

相手のコントロールが大きくなった場合などに、GK が倒れずにボールを奪うことができれば、素早く攻撃に転じることができます。

しかし、GK 自身は倒れずにボールを拾うことができても、相手選手が勢いよく突進してきて正面衝突してしまう危険性もあります。その場合は、キャッチしたボールを抱えながら相手に肩を向けた姿勢を取ったり、場合によっては、胸にボールを抱えながら倒れたりする必要もあります。攻撃に転じることよりも、自分の身を守ることを第一優先に考えプレーしましょう。

また、早く攻撃に転じようと急ぐあまり、身体の正面でボールをキャッチしないと、ファンブルしてしまったり、思った以上にボールが伸びるなどの急な軌道の変化に対応できない可能性もあるので、常に身体の正面でボールをキャッチすることを心がけましょう。

また、味方選手も戻ってきている場合には、味方選手にもしっかりと聞こえるような声で GK が飛び出していることを伝えましょう。何も声を出さずにいると、味方と接触をしてしまい、連携ミスにつながったり、ケガをする可能性もあるので、注意が必要になります。

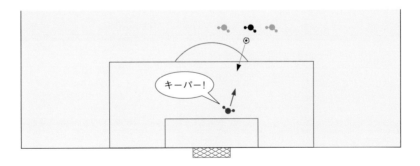

③ピックアップ
アンダーハンドキャッチ

GOOD EXAMPLE

腕を振りながらボール付近まで移動し、ボールをキャッチする少し前に腕をつくり、脇が開かないように意識します。また、ボールの正面に入りボールをキャッチすることでキャッチミスの可能性が低くなります。ボール周辺に人がいる場合は声を出し、GKがボールをキャッチしに行っていることを周囲に伝えましょう。

5 GKの技術・戦術とトレーニング方法

BAD EXAMPLE

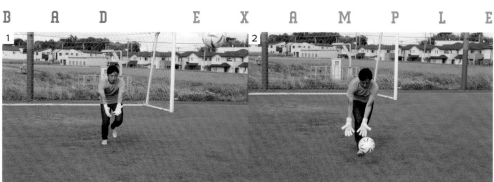

腕を早く出してしまうと腕を振れなくなるのでスピードが減速してしまいます。また、ボールを身体の正面でキャッチしないと、キャッチミスにつながる可能性もあります。次のプレーを素早く行うことも大事ですが、まずはしっかりとキャッチすることを心がけましょう。

③ピックアップ
オーバーハンドキャッチ

G O O D　E X A M P L E

アンダーハンドよりも腕を伸ばして遠くまで手が届くので、お腹の高さ付近までオーバーハンドでキャッチすることを目指しましょう。腕を振りながらボール付近まで移動し、ボールをキャッチする少し前に腕を伸ばし、ボールを身体の正面でキャッチします。キャッチ後にボールを落とすことがないように注意しましょう。

BAD EXAMPLE

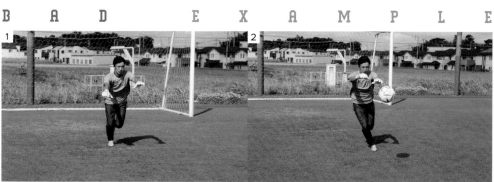

腕を早く出してしまうと腕を振れなくなるのでスピードが減速してしまいます。また、ボールを身体の正面でキャッチしないと、キャッチミスにつながる可能性もあります。次のプレーを素早く行うことも大事ですが、まずはしっかりとキャッチすることを心がけましょう。

④ フロントダイビング

相手のボールコントロールが大きくなったり、ボールが相手の足元から離れたときに、ダイビングしながらボールを奪うことを、フロントダイビングといいます。この技術は、ダイビングをしながら直線的にボールに向かって飛び込む、かなり勇気を伴うテクニックで、ブロックの技術よりも難易度の高いプレーとなります。キャッチに行く際には、大きな声で「キーパー」と声をかけ、GK がボールを奪いに行っていることを周囲に知らせましょう。

しかし、それでも味方 DF や相手選手がボールに飛び込んでくる場合もあるので、ボールをキャッチしたあとにボールを胸の中に抱えて小さく丸まるなど、自分の身を守るフォームを身につける必要があります。

また、相手選手もボールに触りに来ている場合、先にボールを触ることができなければ、相手を引っかけて PK を与えてしまう可能性もあるので、瞬間的にどちらが先にボールに触れるのかの判断力も求められます。

まずは、置いてあるボールへランニングしながらダイビングしてフォームを身につけることから始め、徐々に難易度を高くし、実戦の中でも勇気を持って技術を発揮し、質の高い判断も同時にできるように進めていきましょう。

⑤ L字ブロック

相手との間合いを詰め、さらに相手の足元まで寄せたときに、片方の足を外に向けて曲げ、シュートコースを消す技術のことをL字ブロックと呼びます。このL字ブロックで対応する場合、ボールと両ポストを結んだラインを消すことができていれば、シュートを入れられる可能性は基本的にはありません。失点の可能性があるとすれば、股に隙間ができてしまっている場合と、曲げた足の上に隙間ができてしまっている場合の2点です。

L字ブロックで対応する場合、絶対に失点しないことにこだわりましょう。失点するとすれば、詰めが甘く、コースを網羅できていないか、上記した2カ所のいずれかが空いているかになります。

また、相手選手は、シュートを打っても守られると判断した場合、ドリブルをしてくる可能性もあります。その場合はL字ブロックの姿勢から素早く足を運んで、ドリブルについていけるように準備しましょう。

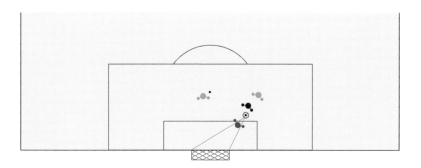

④ フロントダイビング

G O O D　　E X A M P L E

腕を振ってボールに向かい、ボールに近づくにつれて低い姿勢を取って、腕を伸ばしてボールをキャッチします。ボールをキャッチする際は、相手がGKに向かってくる可能性も高いので、自分の身を守るためにもキャッチしたら顔をかがめて身を小さくします。キャッチ後も足を上げずにできるだけ小さく丸まりケガの予防に努めましょう。

相手との接触によるケガの危険性もあるので、ボールをつかんだ際は頭を丸めて、
肘も足も閉じて小さくなり、自分の懐への侵入を防ぎましょう。

B A D　E X A M P L E

早いタイミングで身体を倒したり、足を前に出してボールをキャッチしに行くと、キャッチ後にゴール方向に回転してしまい、ファンブルしたときにゴール方向にボールがこぼれる場合があるので注意しましょう。また、キャッチしたときに足を上げたままにすると、そこに相手が向かってきた場合にケガをしてしまう可能性も高くなります。

⑤ L字ブロック

G O O D   E X A M P L E

相手がボールに触る可能性が出てくるまでは全力でダッシュし、そのあと身体を徐々に低くして、腕も徐々に出しながら移動します。相手がボールに触るときには、両足を同時に浮かせて両足の形を変え、足で面をつくりブロックします。その際、ボールが足の下を通過しないように意識しつつ、足と腕の間をボールが通過しないように腕は低くしましょう。

相手に対する面積を少しでも大きくします。胸を張り、（写真の場合）左足を真横に曲げ、右足のかかとは
しっかりと上げて高さを出します。また、両足の隙間からボールが通過しないフォームを意識します。

BAD EXAMPLE

片方の足だけ動かすと両足の隙間が広
がり、結果的に股の間にボールを通さ
れる可能性が高くなります。実際の試
合で相手との間合いを十分に詰めてい
ても、蹴られたボールが股の間を抜け
て失点するケースが多い場合、こうし
た原因があると考えられます。仕留め
たと思ったときにこそ、股の間は注意
が必要です。

⑥ フットブロック

相手との間合いを詰めたものの、ボールとポストを結んだラインがL字で消せていない場合に、足を真横に伸ばしてシュートをブロックする技術のことをフットブロックといいます。可能な限り、相手選手に「打たせてブロックする」ことが理想です。

フットブロックの際は、斜め前に足を出すと、倒れたときに身体が後傾する可能性がありますが、真横に伸ばせば後傾することがなくなり、上半身が傾くことなくそのままの姿勢を維持することができます。ただ、この姿勢には太ももと股関節の柔軟性が求められるので、大人になってから初めて行うと姿勢をつくれない可能性があります。育成年代から、ケガの予防の観点も踏まえて取り組んでいきましょう。

また、伸ばしたほうの足は、背屈（足のつま先を足背＝足の甲に曲げる動作）をすることで、足先に当たっても力負けする可能性が少なくなり、ケガの予防にもつながります。

ただ、優先順位が高いのはあくまでボールを奪うことで、それができない場合にL字ブロックを使います。L字ブロックに行ってもまだシュートコースが空いているときに初めてフットブロックを用います。フットブロックが最終手段だということを念頭に置いて訓練していきましょう。

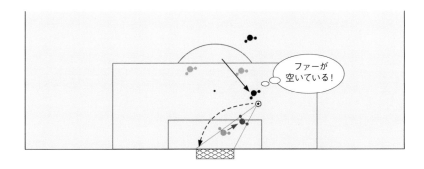

図のような状況で、スルーパスを出されて、GK が相手との間合いを詰めた際、最初は中央から斜め横に移動する中でファーのコースは消えているのですが、詰め方によっては徐々にファーのコースが空いてきます。

相手がシュートを打ったときに、右側に身体を倒して、ファー側にシュートを打たれて失点しているシーンを多く見かけます。間合いを詰めた際に、自分がどのコースを消せていて、どのコースが空いているのかなど、日頃の練習から距離感をつかめるようにすれば、より実戦の中でも対応できるようになります。

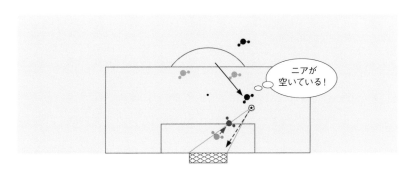

図のような状況で、スルーパスを出されて、GK が相手との間合いを詰める際に、一瞬待ってから寄せると、ファーのコースを消しながら寄せることになります。相手 FW が最終的にファーにシュートを打っても、その線上に GK の身体があるため当てることになります。FW の選択肢はニアのみとなり、GK が意図的にニアにシュートを「打たせる」ことができれば、守れる可能性は高くなります。

ただ、常にコースを消せる寄せ方ができるわけではありません。角度や相手との距離によっては、その理屈が成り立たないことがあることも知っておきましょう。ここでも目指すは L 字ブロックですが、シュートを打たれるときに、L 字ブロックでコースを消していないと感じたときには、ニアのコースに右手と右足を伸ばし、フットブロックの姿勢で対応しましょう。

⑥ フットブロック

G O O D   E X A M P L E

シュートを打たれるまで相手との間合いを詰め続け、相手がシュートを打ったと同時に足を真横に伸ばし、ケガの予防と足先に力を入れるために、伸ばした足の先を背屈させます。伸ばした足と地面の間をボールが通過しないくらいの低い姿勢から足を浮かせて伸ばし、股の間も抜かれないように足を低く移動させます。また、足と腕の間をボールが通過しないように腕を低く出しましょう。

伸ばした足を真横に出し、足を背屈させた姿勢を取ることで、身体は後傾できなくなります。
皆さんもこの姿勢を試してみてください。足を前に出すと、後傾する姿勢になってしまいます。

B A D E X A M P L E

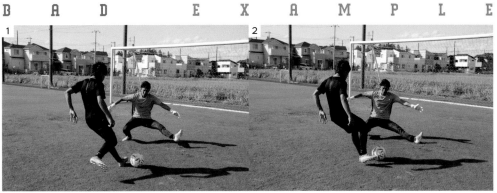

シュートを打たれる前に足を出すと、少しの距離ではありますが、相手との間合いを詰められません。また、先に足を出すことでかかとが地面に着くのが早くなり、足先が背屈しづらくなります。足も地面に着いた状態なので、足に当たっても後方にボールがこぼれる可能性が高くなります。"シュートより先に足を出す"と"シュートと同時に足を出す"の違いを認識しましょう。

⑦ 適切な判断 （寄せる or 止まる or 下がる／ L字ブロック or フットブロックなど）

適切な判断ができるようにするためには、これまで同様「事前にどんな準備をしているか」が重要になります。

ボールの位置、ゴールの位置（ポジショニング）、ゴール前の状況を1対1になる前に把握できていて、直接シュートを打たれても対応できるポジションについた状態で、コントロールミスを狙う意識を持ち、止まった状態をつくること。この状態が事前にできていれば、慌てて1対1の局面を迎えることは少なくなるはずです。

その上で、「コントロールが大きくなりそう」「もうひとつ運んできそう」「ドリブルで中に入ってきそう」など、相手のスピードやボールの持ち方を観察し、次の予測をすることに加えて、「ニアにしか打てなさそう」「ファーのコースはもうない」「L字ブロックでいける」など、自分自身の対応の仕方も把握できるようになれば、その状況に合わせた適切な判断、質の高い判断のもとで対応できるようになります。

想定外の状況が起こると、慌ててしまうことも多いと思います。日頃の練習から、想定外の状況にならないように意識して練習をしていきましょう。

⑧ 近距離対応

1対1で、3メートル以内の距離に持ち込めないときは、「止まる」「下がる」の判断をするという話をしました。「下がる」という判断をした場合、これ以上後ろには下がれないという位置まで下がったときに、相手選手が近づいてくると距離が近くなってしまいます。また、相手がヘッドアップしていてなかなか間合いを詰められない状態のときも相手との距離が近くなります。その状況でシュートに対応しなければならない場合、GKの守れる範囲は限定されてしまいます。

あくまで目安ですが、その距離が5〜7メートルであれば、コラプシングで足を抜いた対応ができる可能性もあるので、足を抜くために軽くプレジャンプをしてもいいと思います。ただ、プレジャンプをすると対応が遅くなる（と感じる）場合は、両足を地面に着けて対応しましょう。その場合、サイドへのシュートを止めることは難しいですが、手の届く範囲は守れる可能性が高くなります。

GKがシュートのすべてを守ろうと、一か八かで先に倒れてしまうと、コースの甘いシュートでも守れない場合があります。実戦では、ボール保持者に対して、味方守備選手が遅れてでもプレッシャーをかけてくれる場合は、相手選手も大きなモーションで足を振ったり、GKをじっくりと見てシュートを打つことが難しい場

合も多くあります。特に近距離での対応では、味方の援護も考えるとGKがすべてを守ろうとせずに自分の守れる範囲を責任を持って守ろうとしたほうが、シーズンを通しての失点は少ないと私は考えています。

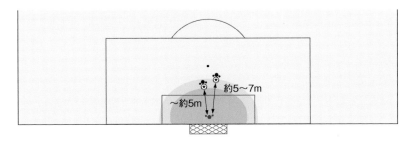

⑨ フットセーブ

［⑧近距離対応］と同様に、近い距離からのシュートに対して、足で対応する技術もあります。人それぞれ反応速度やリーチが違うので、こちらもあくまで目安になりますが、5メートル以内と5〜7メートルの圏内であれば、シュートに腕を伸ばすよりも足を出したほうが早いこともあります。また、足での対応は、逆を突かれた場合などにも有効です。

しかし、最初から足で対応しようと考えると、構えたときに足のほうが前に出て、いわば後傾の姿勢になってしまうことが多くあります。触ったボールが後方に流れてしまう可能性もあるので、まずは上半身をボールに持っていくことを優先し、腕が出なかったときのとっさの対応として足でのセーブを心がけましょう。

ただ、膝から上のボールは腕で、グラウンダーのボールは足でセーブするなどと決めて対応する場合は、姿勢をやや高く保つことで守備範囲が広がるので、足も手と同じぐらいの優先順位と考えていいでしょう。ただし、上記のように、後傾しないように気をつけなければなりません。

足での対応は、普段からトレーニングしておかないと、とっさに出ない技術であり、また、急に足を出そうとすると内転筋を痛めてしまう可能性もあるので、計画的に訓練していきましょう。

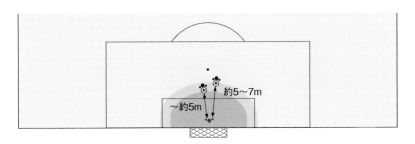

⑩ 粘り強い対応（ドリブルについていく／キックフェイントに倒れないなど）

GKがタイミング良く寄せたり、目の前でしっかりと構えた場合は、シュートコースがなくなります。すると相手選手はシュートを枠に入れるのが難しくなり、違う選択をする可能性が高まります。

そこでGKに必要になるのは、粘り強い対応です。相手はドリブルをしてかわそうとしてきたり、キックフェイントをかけて先に倒れるように仕掛けてきますが、そこで粘り強い対応ができれば味方選手が戻ってくる可能性も高くなり、相手選手を慌てさせることができます。

ドリブル対応で大事になるのは、意図的にドリブルを「させる」ことです。しかし、本当にボールに飛び込もうとする姿勢がないと、相手に見抜かれてしまい、そのままシュートを打ってくる可能性があることも忘れてはいけません。

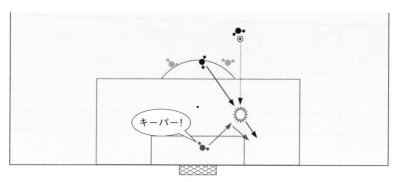

ボールに飛び込むと見せかけて、ドリブルを「させて」、それについていく

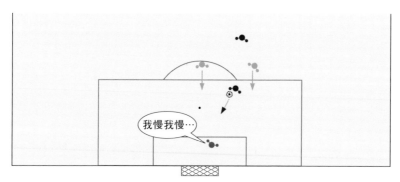

相手はより確実にシュートを決めようと、キックフェイントなどを行い、GKを倒れさせようとするが、GKが倒れないことで相手にプレッシャーをかけることができる

キックフェイントなどに倒れないようにするためには、FWのボールの持ち方など
はGKではなかなか真似できないので、実際にFWと1対1の訓練を定期的に
してもらいましょう。

1対1での対応は、正真正銘の決定的ピンチで、GKの腕の見せ所です。この
ピンチに慌てることなく対応できるように、普段から準備しておきましょう。

⑪ 身体を張る

1対1の局面は、GKと相手選手が近い距離で起こるので、必然的に身体を張
らなくてはなくてはならない場面が増えます。そうしたときにシュートモーション
に対してボールから身体をそむけてしまうと、身体に当てられる面積が少なくな
り、シュートコースを空けてしまうことになるので、身体を張った対応は必要不
可欠です。

育成年代、特に導入期は恐怖感をなくすことから始めましょう。最初は、バレー
ボールや、空気を抜いたサッカーボール、バランスボールを用いて身体にボール
が当たる恐怖感を減らして、怖がらずにボールに飛び込んでいけるようにし、徐々
に正規のボールに近づけてトレーニングしていきましょう。

また、恐怖感を減らしていくとともに、ケガ予防のためにも、フォームや技術も
同時にトレーニングの中から身につけていきましょう。

1対1／時期対応表

	運動神経習得時期	基礎技術習得時期			
	U-10	**U-11**	**U-12**	**U-13**	
技術的要素		・ピックアップ（倒れずにボールを拾う、奪う）	・L字ブロックのフォーム習得 ・初めは強くボールを蹴らない	・フットブロック、フットセーブ、フロントダイビングのフォーム習得 ・徐々に試合状況に近づける（フットブロック、フットセーブ、フロントダイビングの順で習得する） ・状況によって適切な技術を選択できる	
コーディネーション／組み合わせ		・下半身の柔軟性（股関節、ハムストリング）	・下半身の柔軟性（股関節、ハムストリング）	・下半身の柔軟性（股関節、ハムストリング）	
個人戦術		・相手のコントロールミスを狙う	・相手のコントロールミスを狙えるポジションにつく		
グループ・チーム戦術					

青字は、本格的なトレーニング時期が始まるまでの、
事前準備時期に行うトレーニング

ボール・
ゴールサイズ
変更

	基礎技術発揮時期		実力 (応用技術) 発揮時期		完成時期
	U-14	**U-15**	**U-16**	**U-17**	**U-18**
	・近距離対応				
	・FW との 1 対 1 を定期的に行う ・身体を張る ※難易度を下げたところから徐々に恐怖感を取り除いていく	・FW との 1 対 1 を定期的に行う			
	・出る or 出ない／寄せる or 止まる or 下がるの使い分け ・L 字ブロック or フットブロックの使い分け ・粘り強い対応				

5

4　ディストリビューション

現代サッカーでは、GK の攻撃参加、ビルドアップ能力は欠かすことのできない必要な要素となりました。

ゲームでは、相手はボールを持たなければ攻撃はできません。攻撃をし続けることで相手の得点の機会も奪うことが可能です。そして攻撃の能力が求められる現代サッカーの流れは、日本人 GK にとってプラスの材料だと考えられます。

最近では、エデルソン（マンチェスター・シティ）や、日本人 GK では西川周作選手（浦和レッズ）や高丘陽平選手（横浜 F・マリノス）、朴一圭選手（サガン鳥栖）のように、近くの味方にパスするだけでなく、前線に一気にフィードできる能力もクローズアップされ始めています。

前線に一気にフィードできる能力を持ちながらも、スペースが広がれば自陣での細かいパスも効果的に行う。短いパスワークだけでなく、短長のパスをうまく使い分けできることが、今後はより求められています。

ここではディストリビューションを細かく 17 つに分け、それぞれ説明していきます。

トレーニング開始時期

	運動神経習得時期	基礎技術習得時期		基礎技術発揮時期			実力(応用技術)発揮時期		完成時期
	U-10	U-11	U-12	U-13	U-14	U-15	U-16	U-17	U-18
①周辺の状況把握（ボールを受ける前）		○							
②味方へのサポート		○							
③遠くを見る			○						
④インサイドキックの精度		○							
⑤インステップの精度			○						
⑥ワンタッチパス・キック		○							
⑦バウンドボールワンタッチパス・キック			○						
⑧パントキックの精度			○						
⑨ドロップキックの精度			○						
⑩アンダーハンドスローの精度		○							
⑪オーバーハンドスローの精度		○							
⑫キックの飛距離							○		
⑬スローイングの飛距離							○		
⑭ボールコントロール		○							
⑮ボールの持ち方・運び方			○						
⑯長短（フィード）の判断				○					
⑰速攻or遅攻の判断			○						

▢ 技術的な要素　　　　　　　　　　○——トレーニング開始時期

▨ 戦術的な要素を含む

GKの技術・戦術とトレーニング方法

トレーニングの計画と方法

① 周辺の状況把握（ボールを受ける前）

これまで同様、ボールを受ける前にいろいろな確認、準備をすることは、実際にボールを受けたときに自分自身のプレーの選択肢を増やしたり、精度を高めるのに役立ちます。

パスを受けそうなときに、自分の周辺、特に逆方向の状況を確認します。それにより、相手選手が GK にプレッシャーをかけてきそうであれば、ボールを受けるポジションを変えることも可能です。どの方向に、どのようにコントロールするかを考えることもできます。

また、次に自分がパスを蹴ろうとしている場所を、蹴ろうとする前に見て確認しておくことで、次にどのような配球をするかも事前に考えることができます。

自分がよりプレーしやすくなるために、そして味方がよりプレーしやすくなるために、ボールを受ける前に周辺の状況確認をしておきましょう。

事前に逆サイドの確認をすることで、自分がプレッシャーを受けても、素早く正確にパスを出せる

次にパスを出そうとしている味方選手の周辺を確認しておくことで、フリーになった違う味方選手にパスを出せる

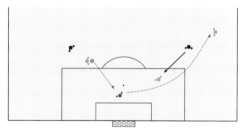

次にパスを出そうとしている味方選手の周辺を確認し、相手選手のプレッシャーが来ているので、足元ではなく味方選手のスペースに意図的にパスを出せる

ボールを受ける前に逆サイドの状況を確認したところ、背後のスペースが空いていたので、ディフェンスライン背後にロングキックができる

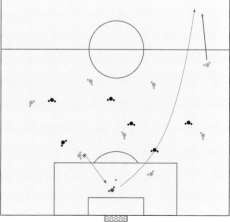

② 味方へのサポート

GK が攻撃に参加しているときのポジションには、ふたつの役割があります。ボール保持者からパスを受けられるポジションを取ることで、「直接ボールをもらいボール保持者を助ける」ことと、「（GK を気にした）相手選手を（GK 側に）動かすことで、GK 以外のパスコースをつくって助ける」ことです。

GK はそのふたつの役割を常に頭に入れながら、直接的あるいは間接的に味方をサポートし続けましょう。

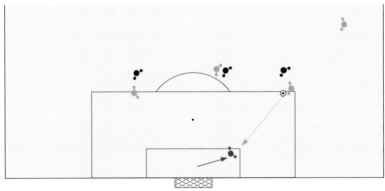

右 CB にはどこにもパスのコースがなく、GK がボールを受けられるポジションを取ることで、右 CB はパスコースができて助かった

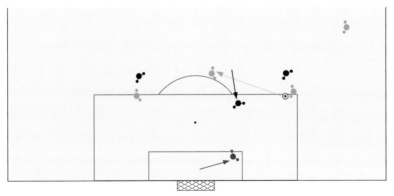

GK が右 CB からボールを受けられるポジションを取ることで、相手選手が GK をケアしようと動き、ボランチへのパスコースが空いた

③ 遠くを見る

GKが攻撃に参加している際に陥りがちな点として、パスの選択肢が近場だけになることがあげられるでしょう。冒頭で話をしたように、近年では足元の技術に長けた選手が、ディフェンスラインの背後に蹴り、局面を一気に変えてしまうことも多く目にするようになりました。

相手側の視点で考えると、前からプレッシャーをかけてラインを高く保ちたいのに、GKがディフェンスライン背後に、しかも高精度で蹴ってくるとなると、非常に厄介です。ロングフィードを常に選択肢のひとつに持ちながら、短いパスも選択できるように、優先順位を考えながらプレーしましょう。

ただ、遠くに蹴るにはパワーも必要なため、特に中学生年代まではディフェンスライン背後まで一気に蹴るのは難しいです。ただ、遠くを見る習慣をつけ、広い選択肢を持つことは、小学生年代から大事な要素になります。

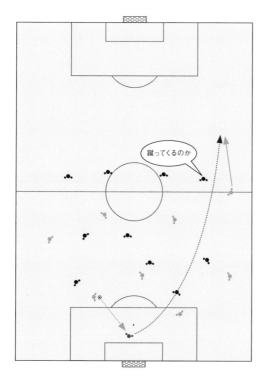

① 周辺の状況把握（ボールを受ける前）　② 味方へのサポート　③ 遠くを見る

	運動神経習得時期	基礎技術習得時期			
	U-10	**U-11**	**U-12**	**U-13**	
技術的要素					
コーディネーション /組み合わせ		・3対1のボール回しで味方をサポートするポジションを覚えていく	・3対1のボール回しで味方をサポートするポジションを覚えていく ・奥にパスコース（深さ）のあるパストレーニングを行う	・3対1や4対2 ・チームのボール回しに加わり、味方へのサポートポジションを覚えていく ・奥にパスコース（深さ）のあるパストレーニングを行う	
個人戦術		・逆サイドを見る ※逆サイドからサインを出して、そのサインを言ってからボールを受ける	・周辺（逆サイド）の状況を見る ※逆サイドからサインを出して、そのサインを言ってからボールを受ける ・逆サイドにいる人数を増やし、サインを出すポイントを増やしていく	・周辺（逆サイド）の状況を見る ※逆サイドからサインを出して、そのサインを言ってからボールを受ける ・逆サイドにいる人数を増やし、サインを出すポイントを増やしていく	
グループ・チーム戦術			・チームのボール回しに加わる	・チームのボール回しに加わる	

ボール・
ゴールサイズ
変更

5

GKの技術・戦術とトレーニング方法

	基礎技術発揮時期		実力 (応用技術) 発揮時期		完成時期
	U-14	**U-15**	**U-16**	**U-17**	**U-18**
	・3対1や4対2 ・チームのボール回し に加わり、味方への サポートポジションを 覚えていく ・奥にパスコース（深 さ）のあるパストレー ニングを行う	・4対2や5対3 ・チームのボール回し に加わる ・GKのサポートポジ ションでボール保持 者を助ける ・奥にパスコース（深 さ）のあるパストレー ニングを行う			
	・周辺の味方や相手 の位置を把握するこ とで、自分のサポート のポジションを変えら れるようにする	・周辺の味方や相手 の位置を把握するこ とで、自分のサポート のポジションを変えら れるようにする			
	・チームのボール回し に加わる	・チームのボール回し に加わる			

④ インサイドキックの精度

インサイドキックは、近くにいる味方につなぐときに用いるキックです。ボールを当てる面積が広いため、最も正確性を出せるキックになります。

試合ではフリーでボールを蹴ることもありますが、プレッシャーを受けながら味方にパスをすることもあります。また、意図的に味方のスペースにパスをすることもあります。いずれにしてもインサイドでのキックは正確で、味方が受けやすいボールでなければなりません。どんな状況であっても正確に出せるように、日頃の練習から取り組みましょう。

⑤ インステップキックの精度

インステップキックは、距離にすると約20メートル以上距離のある場所に配球する際に用います。距離が長くなればなるほど用いるキックです。低い弾道キック、スペースに落とす柔らかいキック、相手のディフェンスライン背後に蹴るロングキックなど、その状況に合わせて軌道を使い分けられると大変便利です。

遠くに飛ばすには筋力も必要になるため、U-13年代くらいまでは飛距離も出ないと思いますが、正しいフォームやボールの蹴り方などは早い段階から習得しておくことが大事です。飛距離を伸ばそうとジュニア年代で試行錯誤している選手は多いと思いますが、悪いフォームで飛ばそうとしても、身体の構造上、飛距離には限界があります。

ジュニア年代ではまだ遠くには飛ばせないということを、監督やコーチも理解する必要があります。

GK コーチをやると
キックがうまくなる？

指導者を始めてからキックがうまくなったという方も多いのではないかと思います。
その理由としては、近い距離、遠い距離、角度があるとき、角度がないとき、風の強い日、雨の日……さまざまな状況の中でも、質の高いトレーニングを成立させるためにはキックの精度が必要になるから、というのがあげられるでしょう。また、選手の前で格好悪い姿を見せられない、という理由もあるのかもしれません。
つまり、必要に迫られる環境に身を置くことで、"自分なりに工夫をして習得していく"というサイクルが自然に起きているのではないかと考えています。

では、選手も同じことをすれば、キックがうまくなるのか？

答えは「YES」です。しかし、なかなかそれを実践できないでいるのが実状ではないでしょうか。
その要因はふたつあると考えています。
ひとつは、選手がうまく蹴れないことによってトレーニングが成立しなくなると考えて実践しないこと。もうひとつは、選手は指導者ほど必要に迫られていないことが考えられるでしょう。

GK コーチは質の高いトレーニングを成立させたいと考えているので、なかなかうまくボールを蹴ることができない選手がうまくなるのをずっと待っていられるほど時間の余裕はないと考えることが多いように感じます。そうすると、「だったら自分が蹴ろう」という心理に陥り、選手に蹴らせることをやめて、自分でボールを蹴ってしまう、ということが起こり得るのではないかと思います。
そして、選手がうまく蹴れないときには指導者が代わって蹴ることを選手がわかっているため、結局は必要に迫られることはありません。自分（GK）がしっかりとボールを蹴らないと練習が成り立たない、という状況に常に追い込まれているかいないかが、指導者と選手が違うところなのではないかと考えています。

私の場合は、トレーニングの中で意図的に GK がボールを蹴る習慣をつけられるような工夫をしています。最初の配球は私が蹴り、選手が GK の技術的なアクションをひとつ行ったあと、次のボールを選手に蹴らせるようにして、選手同士で駆け引きをしたり、キックの質も向上させるようにしています。

④インサイドキックの精度

GOOD EXAMPLE

ボールを蹴る方向に身体を向けて、踏み込み足の斜め前にボールを置き、顔を上げて相手を確認します。ボールを蹴るときにはボールをしっかりと見て、足に当たる面積を広くすることを心がけてボールを蹴ります。ボールを蹴る際に、足の面が出し手を向いている状態を保ち、面でボールを押し出します。また、蹴るときは股関節から膝までを大きく振らず、膝から下を振ってボールを蹴りましょう。

5

GKの技術・戦術とトレーニング方法

BAD EXAMPLE

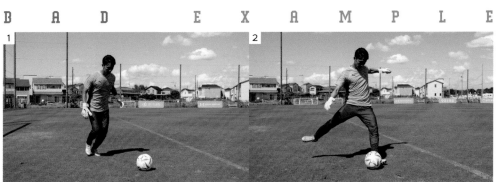

蹴り足を大きく振ると、蹴ったボールが浮いてしまったりズレてしまったりする可能性が高くなります。また、蹴った足が出し手の方向を向いていない場合は、面でボールを押し出せず、パスがズレてしまう可能性が高くなります。

⑤インステップキックの精度

GOOD EXAMPLE

足をムチのようにしならせ、その反動で蹴ることを意識します。ポイントは写真1のように、右足のかかとがお尻付近まで引き上げられ、踏み込み足（写真では左足）と曲げた足（右足）が一直線になっていることです。そのあと右足を振り抜きます。蹴るときに足首を伸ばし（写真3）、蹴ったあともその足首の形が変わることなく、横からボールを切るように蹴ることで、規則正しい回転（バックスピン）でボールが飛んでいきます。

5　GKの技術・戦術とトレーニング方法

B A D E X A M P L E

遠くに蹴ろうと思ってボールを蹴り上げ
ても、ボールが伸びていく軌道にならず
飛んでいきません。特に小学生年代で
は、飛距離が伸びずにこのような蹴り
方にたどり着いている選手もいると思い
ますが、精度も上がらず飛距離にも限
界があります。

④インサイドキックの精度　⑤インステップキックの精度

	運動神経習得時期	基礎技術習得時期			
	U-10	U-11	U-12	U-13	
技術的要素		・インサイドキック ※強さよりも正確性 ※止まっている味方にパス ※少し動いている味方にパス ※プレッシャーなし	・インサイドキック ※20メートル程度までのパスを正確に蹴る ※止まっている味方にパス ※動いている味方にパス ※プレッシャー軽くあり ・インステップキック ※飛距離は求めない ※キックフォーム	・インサイドキック ※20メートル程度までのパスを強く正確に蹴る ※止まっている味方にパス ※動いている味方にパス ※プレッシャーあり ・インステップキック ※サイドバックにノーバウンドで蹴る ※プレッシャー軽くあり	
コーディネーション/組み合わせ			・GKと味方の間に相手（障害物）を置いて、浮かせたボールを蹴る ・低い弾道 ・スペースにパスする感覚をつけていく（インサイド・インステップ両方）	・GKと味方の間に相手（障害物）を置いて、浮かせたボールを蹴る ・低い弾道 ・スペースにパスする感覚をつけていく（インサイド・インステップ両方）	
個人戦術					
グループ・チーム戦術					

ボール・ゴールサイズ変更

	基礎技術発揮時期		実力 (応用技術) 発揮時期		完成時期
	U-14	**U-15**	**U-16**	**U-17**	**U-18**
	・インステップキック ※サイドハーフにノーバウンドで正確に蹴る ※トップの選手にノーバウンドで正確に蹴る ※プレッシャーあり ※ボールを運びながら正確に蹴る	・インステップキック ※サイドハーフにノーバウンドで正確に蹴る ※トップの選手にノーバウンドで正確に蹴る ※プレッシャーあり ※ボールを運びながら正確に蹴る			
	・低いライナーと柔らかいボールを使い分ける ・CK、FK を選手が蹴る	・低いライナーと柔らかいボールを使い分ける ・CK、FK を選手が蹴る			

黒字は、④インサイドキックの精度
赤字は、⑤インステップキックの精度
のトレーニングとなります。

⑥ ワンタッチパス・キック

試合の状況の中で、ワンタッチキックは、GK が相手選手のプレッシャーを受けていてコントロールする時間がないとき、味方がフリーなので早く展開したいとき、十分正確に蹴れそうなパスを受けたときなどに用います。その際、インサイドキック、インステップキックの両方とも蹴る可能性があります。

クリアーが目的の場合は、遠くに、高くを意識して蹴ります。相手陣地深くのスローインになるような位置か、相手チーム側に連携ミスなどが生まれる可能性のあるディフェンスライン背後を狙いましょう。相手 GK まで簡単に行ってしまうキックは避けましょう。

パスの場合は、味方が受けやすいパスを出します。ワンタッチパスは、GK とパスを出す味方選手の角度が広ければ広いほど、難易度が高くなります。最初は難易度の低い角度から行い、徐々に難易度を上げていきましょう。

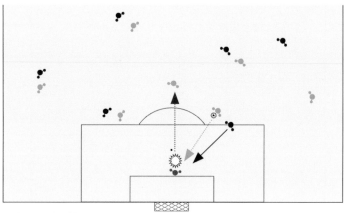

比較的難易度が低い

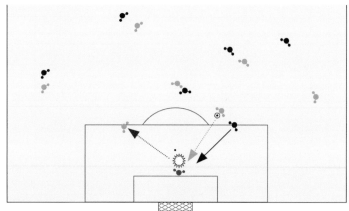

難易度が高い

⑦ バウンドボールワンタッチパス・キック

バウンドボールのワンタッチは主に、GKがプレッシャーを受けてコントロールする時間がないとき、ペナルティーエリア外で高く跳ねたボールを処理するときの、ふたつの場面で用いられます。バウンドの高さによっては、足だけでなく、ヘディングでのパスもあります。

バウンドボールをパス・キックする際に気をつけなくてはならないのは、「当たり損ね」や「パスのズレ」です。プレッシャーを受けながら味方にパスをする場合、試合中は味方の足元ではなく、味方のスペースにパスすることも多く、パスの強弱を考えているときに当たり損ねやズレが生じてしまうことがあります。

また、ボールが高く跳ねたときは、あごが上がるので、相手選手が視野から見えづらくなります。相手の動きがわからないまま、GKがもともと考えていたプレーを選択することで、相手選手に狙われてしまうことも多くあり、選択を変える必要もあります。

バウンドボールのワンタッチは処理が難しいのですが、セーフティーファーストでクリアーする選択肢を持ちつつも、味方にパスすることを目標とし、その技術や処理の仕方を身につけていきましょう。

パスがズレて相手に渡ってしまう

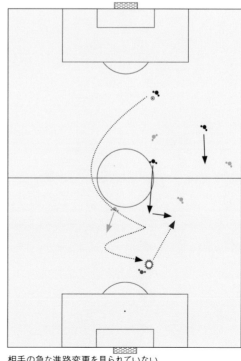

相手の急な進路変更を見られていない

⑥ ワンタッチパス・キック
右から来たボールを右足

G O O D   E X A M P L E

身体を右から左にひねり、転がってきたボールをできるだけ足の面積に多く当てて蹴ります。蹴り足だけで蹴ろうとしても、ボールが強く飛んでいきません。写真の場合は、蹴ったボールが反時計回りの回転で転がるように意識して、蹴ったあとに身体も右足もひねるような姿勢を取りましょう。

5

GKの技術・戦術とトレーニング方法

⑥ ワンタッチパス・キック
右から来たボールを左足

GOOD EXAMPLE

ボールが来たときにパスを出す方向に身体の向きを変え、出し手の位置を確認しながら、ボールと足がタイミング良く左足の前で出会うようなイメージでボールを蹴ります。蹴るときにできるだけ多くの面でボールを蹴ることと、蹴ったあともパスを出す方向に面が向いた状態を保つことを意識して蹴りましょう

⑦ バウンドボールワンタッチパス・キック

G O O D   E X A M P L E

理想としては、バウンドをして下から
上にボールが跳ね上がり始めるタイ
ミングか、上から下にボールが落ち
てきているタイミングでボールを蹴
ります。右足でボールを蹴る場合は、
常に踏み込み足の斜め前にボールが
ある状態をつくり、ボールを蹴るとき
は膝から下だけ振ってボールを蹴るこ
とで、ボールの弾みを抑えられます。

5 GKの技術・戦術とトレーニング方法

BAD EXAMPLE

ボールを蹴るときに足の面が上を向いてしまうと、ボールの弾みを抑えるのが難しくなります。また、ボールを蹴る位置が定まらないと狙った場所に蹴るのが難しくなるので、ボールの正面まで足を運ぶことと蹴るタイミングも大事になります。

⑥ ワンタッチパス・キック　⑦ バウンドボールワンタッチパス・キック

	運動神経習得時期	基礎技術習得時期			
	U-10	**U-11**	**U-12**	**U-13**	
技術的要素		・軽く転がしたボールをワンタッチパス・キック ※強さよりも正確性 ※止まっている味方にパス ※動いている味方にパス ※プレッシャーなし	・20メートル程度までのパスを正確に蹴る ・軽くバウンドさせたボールをワンタッチパス・キック ※強さよりも正確性 ※止まっている味方にパス ※動いている味方にパス ※プレッシャー軽くあり（ワンタッチ、バウンドボールワンタッチ両方）	・インステップでも蹴れるようにする ・バウンドしているボールをワンタッチパス・キック ※強さよりも正確性 ※プレッシャーなし ※プレッシャー軽くあり ・ヘディングでのパス ※4号球を用いる ※少し空気の抜けた5号球を用いる	
コーディネーション／組み合わせ			・スペースにパスする感覚をつけていく（ワンタッチ、バウンドボールワンタッチ両方） ・4対1などのダイレクトのボール回し	・4対1などのダイレクトのボール回し	
個人戦術					
グループ・チーム戦術					

ボール・ゴールサイズ変更

	基礎技術発揮時期		実力 (応用技術) 発揮時期		完成時期
	U-14	**U-15**	**U-16**	**U-17**	**U-18**
	・スピードのあるボールをワンタッチで正確に蹴る ・雑なバックパスを蹴る（飛距離は求めず、正確に足に当てる／ワンタッチ、バウンドボールワンタッチ両方） ・ヘディングでのパス ※４号球を用いる ・広い角度のワンタッチパス（バウンドボール含む）	・雑なバックパスを蹴る（飛距離を徐々に求めていく、正確に足に当てる） ・ヘディングでのパス ※５号球を用いる ・広い角度のワンタッチパス（バウンドボール含む）	・雑なバックパスを蹴る（飛距離を徐々に求めていく、正確に足に当てる） ・50メートル以上離れた位置からのノーバウンドのロングパスを、キッカーの方向にインサイドで蹴り返す	・雑なバックパスを蹴る（飛距離を徐々に求めていく、正確に足に当てる） ・50メートル以上離れた位置からのノーバウンドのロングパスを、キッカーの方向にインサイドで蹴り返す	
	・ペナルティーエリアの外に飛び出してのワンタッチパス、キック（バウンドボール含む） ・４対１などのダイレクトのボール回し	・ペナルティーエリアの外に飛び出してのワンタッチパス、キックを正確に味方のスペースに蹴る（バウンドボール含む） ・４対１などのダイレクトのボール回し	・スペースを広く取り、５対２のボール回し	・スペースを広く取り、５対２のボール回し	
	・パスとクリアーの使い分け	・パスとクリアーの使い分け			

黒字は、⑥ワンタッチパス・キック
赤字は、⑦バウンドボールワンタッチパス・キック
のトレーニングとなります。

5

GKの技術・戦術とトレーニング方法

⑧ パントキックの精度

パントキックは、GK がサイドボレーでボールをフィードするキックとなります。このキックの特徴は、距離の近い選手にも、遠い選手にも蹴ることが可能であり、スピードの調節も可能な点です。そして、素早く蹴ることもできるので、相手が攻撃に人数をかけてきたときのカウンターとしても、近年 GK に強く求められる要素になりました。

フリーの味方選手にフィードする際には、可能な限り低い弾道のほうが、味方がコントロールしやすくなります。また、勝っている時間帯やなかなかセカンドボールを拾えずに苦しい状況では、意図的に高くて飛距離のあるボールを蹴り上げ、相手陣内でプレーする狙いを持ったキックもあります。前線に大きな選手がいて、その選手をターゲットにする場合は、その選手の望む軌道で蹴れると、マイボールにできる可能性も高くなります。　育成年代で、計画的に精度・飛距離を磨き、チーム戦術に合ったプレーを選択できるようにしていきましょう。

⑨ ドロップキックの精度

ドロップキックとは、ボールを一度地面に落とし、跳ね上がってきた瞬間をインステップでとらえ、前方に蹴るキックのことを指します。

ドロップキックは、守備から攻撃に転じた際に、GK が身体の向きを変えずに前方に走りながらボールを蹴ることが可能です。また、蹴った際にはバックスピンがかかり、相手陣地のスペースに蹴ったボールが、バウンドとともにその周辺で速度が落ちるので、スペースに蹴り込む際には大変効果的なキックとなり、パントキック同様、カウンターの起点になり得るキックになります。

近年では、パントキックを多用する GK も増えてきましたが、このドロップキックも蹴れるようにしていくことでキックの選択肢が増えるので、育成年代でぜひ獲得したい技術です。

ただ、グラウンドがデコボコだったり、強風が吹いていたりすると、地面に落としたボールが正確に真上に跳ね上がってこない可能性もあるので、悪い環境下では使用が難しくなる技術でもあります。

⑩ アンダーハンドスローの精度

アンダーハンドでのスローイングは、近くにいる味方にパスをするときに使います。
このパスで意識する点は、味方選手が受けやすいパスを出すことです。味方が
フリーのときは足元に、味方がプレッシャーを受けそうであれば味方のスペース
に、味方選手がボールの処理に注意を注がなくてもいい丁寧なボールを出すこ
とが必要になります。

アンダーハンドスローで配球する距離は、ゴールに近い位置になりますので、ス
ローイングからのミスは練習の中でも絶対にしないように注意しましょう。

ボールを配球する際は、両方の手からスローイングができるようになれば、身体
の向きを変えずに配球できるので、少なくともアンダーハンドに関しては、両方
の手を同じように活用できるようにしましょう。

⑪ オーバーハンドスローの精度

オーバーハンドスローは、アンダーハンドスローでは届かないような離れた距離
の選手に配球するときに用います。

アンダーハンドスローと同様、味方に配球する際は、味方が受けやすいボール
を配球することが求められます。味方の足元に配球する場合と、味方のスペー
スに配球する場合がありますが、味方の目の前でバウンドしてしまうボールを配
球しないように気をつけましょう。

また、味方選手のあごが上がってしまうくらい浮かしたボールを配球すると、ボー
ルを受ける選手は相手選手を見づらくなってしまうので、配球するボールの高さ
にも気を使いましょう。

アンダーハンドスローと同様、身体の向きを変えずに両方向に配球できるので、
可能な限り両方の手からスローイングできるように技術を磨きましょう。

⑧ パントキックの精度

G O O D   E X A M P L E

まず大事になるのは"常に同じ位置"でボールを蹴ることです。写真の場合、左手で常に同じ位置にボールを置く、または上げるようにしましょう。そのあと左足を踏み込んで身体を支え、身体を回旋してボールを蹴ります。飛距離を出したいときはボールを蹴り上げ、味方に正確に合わせたいときなどは低弾道でボールを蹴るなど、用途に合わせて軌道を変えて蹴れるようにしましょう。

BAD EXAMPLE

蹴る位置が定まっていないと、ボールが思いどおりに飛ばなかったり、ボールを規則正しい回転で飛ばすことが難しくなります。

⑨ ドロップキックの精度

GOOD EXAMPLE

パントキックと同様、まず大事になるのはボールを"常に同じ位置"で蹴ることです。そのためには常に同じ位置にボールを置く、または落とすようにしましょう。そのあと、インステップキックと同様に右足を後方に引っ張り、ボールが弾んで上がってくるタイミングに合わせてボールを振り抜きます。ここでも足に当たる面積が多くなるように意識しましょう。

B A D   E X A M P L E

ボールを置く、または落とす位置が定まっていないと、ボールを蹴る際にしっかり足に当たらずボールが飛んでいかない可能性があります。また、蹴るときに足先を動かさず、足首を固定し、足の面積に多くボールが当たるように意識しましょう。

⑧ パントキックの精度　⑨ ドロップキックの精度

	運動神経習得時期	基礎技術習得時期			
	U-10	**U-11**	**U-12**	**U-13**	
技術的要素			・フォームを習得する ・良い回転でボールを蹴る ・飛距離は求めない（パントキック・ドロップキック両方）	・フォームを習得する ・良い回転でボールを蹴る ・30メートル程度の距離を蹴る（パントキック・ドロップキック両方） ・低弾道でノーバウンド	
コーディネーション/組み合わせ				・練習ではキャッチ→フィードで練習を終える（区切る）	
個人戦術					
グループ・チーム戦術					

ボール・
ゴールサイズ
変更

	基礎技術発揮時期		実力(応用技術)発揮時期		完成時期
	U-14	**U-15**	**U-16**	**U-17**	**U-18**
	・40メートル程度の距離を蹴る（パントキック・ドロップキック両方） ・低弾道でノーバウンド ・さまざまな軌道で蹴れるようにしていく	・40〜50メートルの距離を正確に蹴れるようにする（パントキック・ドロップキック両方）	・ディフェンスライン背後に蹴れるように練習する（パントキック・ドロップキック両方）	・ディフェンスライン背後に蹴れるように練習し、徐々に正確性を求めていく（パントキック・ドロップキック両方）	
	・味方の走るスペースにボールを蹴る ・守→攻の切り替え ・GKトレーニングではドロップキック・パントキックでシュートを打つ	・味方の走るスペースにボールを蹴る ・守→攻の切り替え ・GKトレーニングではドロップキック・パントキックでシュートを打つ			
	・カウンターの起点となるキック ・飛距離は求めない	・カウンターの起点となるキック ・飛距離は求めない	・カウンターの起点となるキック ・飛距離は求めない	・カウンターの起点となるキック ・飛距離は求めない	

赤字は、⑧パントキックの精度
黒字は、⑨ロップキックの精度
のトレーニングとなります。

⑩アンダーハンドスローの精度

GOOD EXAMPLE

配球先（人かスペース）に身体を向け、ボールを手のひらに乗せます。振り子のように腕を後ろまで持っていって、低い姿勢をつくり、最後は中指にボールを乗せてボールを転がします。踏み込み足と指先は配球先に向けて、手首をひねらず、回転をかけずにまっすぐなボールを配球しましょう。

5　GKの技術・戦術とトレーニング方法

B A D   E X A M P L E

バウンドしたボールを配球すると、ボールを受けた味方はボールを処理するまでに時間がかかってしまいます。GKからの配球は、バウンドせずに受けやすいことを前提としましょう。振り子のように腕を後ろに持っていかないと、リリースする際にボールを強く投げることができません。

⑪オーバーハンドスローの精度

G O O D   E X A M P L E

1

2

5

写真の場合は、右手でボールを身体の後方に持っていき、野球でボールを投げるのとは違い、腕を伸ばしたまま手にボールを乗せて投げます。正確に投げるためには、腕は耳の近くを通過するように投げ、配球先に踏み込み足と投げる腕を向けます。遠くにボールを投げる場合はボールを放つ手の位置を頭の上あたりにして、ライナー性のボールを投げる場合は手からボールを離す位置を遠くにします。

3   4

BAD EXAMPLE

1   2

3

ボールが手のひらにしっかりと乗っていないと、腕を後ろから前方に回している間に、手のひらでズレてしまう可能性もあり、最後は思いどおりに投げられなかったり、すっぽ抜けたボールを投げてしまう可能性もあります。

⑫ キックの飛距離

近年、GKのビルドアップ能力も高くなってきましたが、やはりディフェンスラインの背後に正確に蹴れるようになることが、相手チーム、相手選手にとって最も厄介なプレーであることには変わりありません。

マンチェスター・シティに所属しているブラジル代表のエデルソンは、ゴールキックでも相手陣地のペナルティーエリア付近まで約80メートルのボールを蹴ることができます。エデルソンは遠くに飛ばすキック力があるからこそ、相手がそれを警戒して前線からプレッシャーをかけづらくなり、相手の守備組織にスペースが空くことで近くの選手にもビルドアップをすることが可能になります。

遠くに飛ばすためには当然パワーも必要ですが、エデルソンは決してパワーだけで蹴っているわけではないことは注目すべき点です。正しいキックフォームや蹴り方を覚え、より身体に負担のないキックで飛距離を出せるように練習していきましょう。

⑬ スローイングの飛距離

スローイングもキックと同様に、長い距離を投げられるとカウンターの起点になり、大きな武器になります。

スローイングとキックの違いとしては、キックよりも素早く配球ができることと、相手に目の前に立たれても避けながら配球ができる点です。キックの場合は、目の前に立たれると蹴れないこともありますが、スローイングのほうが投げる直前まで自由に動いていられる分、投げることが可能です。

また、濡れている地面ではライナー性のボールを投げることでボールが地面を滑り、速くても受けやすい高さのボールを配球することができます。

キックに比べてディフェンスライン背後まで飛ばすことは難易度が高いですが、肩が強ければ配球の選択肢が増え、相手としては的が絞りづらくなるので、肩が強いに越したことはありません。

ボールが飛ぶ構造（インステップ解明）

足が"しっかり"当たらないと、ボールは規則正しい軌道で飛んでいきません。この"しっかり"をひも解いていくと、ボールに対してある程度一定の高さで、かつ一定の角度で足を入れることが必要になります。

写真のように右足を入れた際、大事になるのは、ボールを蹴ったあとも当たった面が地面に平行である状態をつくることです。

飛距離を出すためには、上記のように足の入れ方を意識すると同時に、右足を大きく後方に引っ張り上げ、左足を軸としてムチのようにしならせることが大事になります。

⑩アンダーハンドスローの精度　⑪オーバーハンドスローの精度
⑫ キックの飛距離　　⑬ スローイングの飛距離

	運動神経習得時期	基礎技術習得時期			
	U-10	**U-11**	**U-12**	**U-13**	
技術的要素		・フォームを習得する ・規則的な回転でボールを投げる ・飛距離は求めない ・止まっている味方にパスを出す ・味方のスペースにパスを出す ・両手を使う（アンダーハンド、オーバーハンド両方）	・フォームを習得する ・規則的な回転でボールを投げる ・動いている味方にパスを出す ・味方のスペースにパスを出す ・両手を使う（アンダーハンド、オーバーハンド両方） ・15 メートル程度ノーバウンドで投げる	・フォームを習得する ・規則的な回転でボールを投げる ・動いている味方にパスを出す ・味方のスペースにパスを出す ・両手を使う（アンダーハンド、オーバーハンド両方） ・20 メートル程度ノーバウンドで投げる（低弾道）	
コーディネーション/組み合わせ			・練習ではキャッチ→フィードで練習を終える（区切る）（アンダーハンド、オーバーハンド両方）	・練習ではキャッチ→フィードで練習を終える（区切る）（アンダーハンド、オーバーハンド両方） ・20 メートルをワンバウンドで届く調整力を身につける ・グラウンドがスリッピーなときは、バウンドして伸びるスローイングの技術を身につける	
個人戦術					
グループ・チーム戦術					

ボール・ゴールサイズ変更

5

	基礎技術発揮時期		実力（応用技術）発揮時期		完成時期
	U-14	**U-15**	**U-16**	**U-17**	**U-18**
	・規則的な回転でボールを投げる ・動いている味方にパスを出す ・味方のスペースにパスを出す ・両手を使う（アンダーハンド、オーバーハンド両方） ・30〜40メートル程度ノーバウンドで投げる	・規則的な回転でボールを投げる ・動いている味方にパスを出す ・味方のスペースにパスを出す ・両手を使う（アンダーハンド、オーバーハンド両方） ・30〜40メートル程度ノーバウンドで投げる		・キックの飛距離と正確性を求める ・スローイングの飛距離と正確性を求める	
	・練習ではキャッチ→フィードで練習を終える（区切る）（アンダーハンド、オーバーハンド両方） ・30〜40メートルをワンバウンドで届く調整力を身につける ・グラウンドがスリッピーなときは、バウンドして伸びるスローイングの技術を身につける	・練習ではキャッチ→フィードで練習を終える（区切る）（アンダーハンド、オーバーハンド両方） ・30〜40メートルをワンバウンドで届く調整力を身につける ・グラウンドがスリッピーなときは、バウンドして伸びるスローイングの技術を身につける	・距離を求めていく（キック、スローイング両方）	・股関節の柔軟性/しなやかさ ・肩甲骨の柔軟性/しなやかさ	
	・カウンターの起点となるスローイング ・飛距離は求めない	・カウンターの起点となるスローイング ・飛距離は求めない	・カウンターの起点となる配球（キック、スローイング両方）	・カウンターの起点となる配球（キック、スローイング両方）	

黒字は、⑩アンダーハンドスローの精度
赤字は、⑪オーバーハンドスローの精度
緑字は、⑫キックの飛距離　⑬スローイングの飛距離
のトレーニングとなります。

⑭ ボールコントロール

ボールコントロールに長けている選手として名前があがるフィールドプレーヤーには、アンドレス・イニエスタ（ヴィッセル神戸）や久保建英選手（レアル・ソシエダ／スペイン）などがあげられるでしょう。彼らは いつもボールを蹴れる・運べるところに"一発で"ボールをコントロールするため、対峙する相手は寄せると運ばれて、止まるとパスを出されてしまうので、非常に厄介な選手だといえます。

一方、GKにとっての良いボールコントロールとは、「左・右・中央の3方向に、インサイド・インステップ両方のキックが可能な位置に置くこと」ということができます。GKにとっては、ドリブルすることは基本的にはなく、あくまでもパスを出すためのコントロールが前提になります。

試合中に味方選手から丁寧なパスが来るとは限らず、処理の難しいパスが来る可能性もあり、また、相手選手がプレッシャーをかけにくる可能性もあります。その中でも効果的な配球をするために、どんなバックパスでも良いボールコントロールができるよう普段の練習の中から取り組んでいきましょう。

⑮ ボールの持ち方・運び方

相手選手がプレッシャーに来ないと思って、もう一度持ち運んで蹴ろうとしたら、相手選手がプレッシャーをかけにきて、なぜかボールを当ててしまったという経験はないでしょうか？

前進する際、意識していないと、足が一歩後ろに下がってしまいます。これを知らないと、ボールをコントロールしたときに、ボールとの距離が離れて、その間に相手選手に詰められ、ボールを相手に当ててしまう。この理由をいつまでも理解できずに、また同じことを繰り返してしまう可能性があります。

こうしたことを踏まえて考えると、1歩目から前にスタートが切れる状態で、常に「蹴り足の斜め前」にボールを置くことが、良いボールの持ち方・運び方ということができます。

「蹴り足の斜め前」にボールを置くのは、［⑭ボールコントロール］でも説明したように、3つの方向（左・右・中央）にインサイドとインステップ両方で蹴れるようにするためですが、実際には蹴れない箇所があるのにその姿勢をつくっても、相手にはすぐに読まれてしまいます。相手のレベルやプレッシャーのスピードが上がっても慌てることがないように、素早くその持ち方・運び方をつくれるようにしていきましょう。

⑯ 長短 (フィード) の判断

試合の残り時間やスコア、対戦相手が何を得意として何を苦手としているかなどを考えて、近くの選手にパスをすべきか、遠くの選手にパスをすべきか、または高くボールを蹴り上げたほうがいいか……。

フィードひとつで流れが良くなることもあれば、逆に悪くなってしまうこともあるので、GKは特にゲームの流れを読みながら、長短どちらのパスのほうが有効なのかを判断してプレーしていく必要があります。

勝敗のルールは、試合終了のホイッスルが鳴ったときに、相手より1点でも多くゴールを取ったチームが勝ちとなるため、何を選択すれば試合に勝つことができるかを考えてプレーする必要があります。また、リーグ戦の場合、勝ち点や得失点も考えてプレーする必要もあり、勝っているとき、負けているとき、味方に退場者が出ているとき、相手に退場者が出ているときなどシチュエーションはさまざまですが、可能な限りチーム全体で意思統一し、作戦に応じてフィードも使い分けていく必要があります。

⑰ 速攻 or 遅攻の判断

基本的には、勝っているときに急いで攻撃をする必要はなく、一方、負けているときにゆっくりとボールを回していると得点の可能性は高くならず、効果的だとはいえません。

チームでどのようにゴールを目指し、どのようにゴールを守るのかが明確であれば、その約束事に従い、GKも何を選択すればいいかも明確になります。

試合終了間近で、勝っているときや負けているときなど、わかりやすい状況では基本的にどのように攻撃するかは明確になりますが、いわゆる「拮抗している」状況では、すべてのやり方が決まっているわけではなく、自分で決断しなければならない場面も出てきます。

その場合の鉄則は、「ミスによって相手にチャンスを与えない」ことです。

例えば、勝っている状況で、GKがカウンターに行けると思って前線を狙い、キックミスになり、逆にカウンターを受けてしまった。このようなミスは、相手にリズムが渡ってしまう可能性が高くなるので、絶対に避けなければなりません。

このように、GKとしてはミスに直結するプレーは避け、可能な限りどのように攻撃するかチームで話をし、意思統一して戦えるようにしていきましょう。

⑭ボールコントロール

G O O D　E X A M P L E

写真の場合は、右方向にボールを蹴るために、右足の斜め前にボールをコントロールしています。GKはいつプレッシャーを受けても3方向（左CB・ボランチ・右CB）に加えて、前線にもフィードできるようなボールコントロールが理想です。どこにでも蹴れる場所に素早くボールをコントロールして顔を上げた状態をつくれれば、相手はGKにプレッシャーをかけづらくなります。

BAD EXAMPLE

足元に止めてしまう

ボールが足元に入ってしまうと、ボールをもう一度触るか、後ろに下がらなければいけなくなり、次のプレーに時間がかかってしまいます。

コントロールが後方に行ってしまう

ボールが後方に流れてしまうと、流れた方向以外へのパスの選択肢がなくなり、相手に次のパスコースを読まれてボールを奪われる可能性が高くなります。

265

⑭ボールコントロール　⑮ボールの持ち方・運び方

	運動神経習得時期	基礎技術習得時期			
	U-10	U-11	U-12	U-13	
技術的要素	・自分の得意な足で、バウンドしていないゴロのボールを正確にコントロールして自分の斜め前でボールの勢いを止める	・多少雑なボールでも、自分の斜め前に勢いを止めたコントロールをする ・非利き足でもボールをコントロールする習慣をつける	・スピードのあるボールでも、雑なボールでも正確にボールをコントロールする ・非利き足でもボールをコントロールする習慣をつける	・スピードのあるボールでも、雑なボールでも正確にボールをコントロールする ・非利き足でも正確にボールをコントロールする ・3方向にパスを出せる持ち方で前進する	
コーディネーション/組み合わせ		・リフティング ・ふたり組でリフティングし合う	・ふたり組でリフティングし合う ・動きながらボールをコントロールする	・ふたり組でタッチ数を決めてリフティングし合う ・動きながらボールをコントロールする	
個人戦術			・相手のプレッシャーを見ながら、相手のいない方向にコントロールする	・相手のプレッシャーを見ながら、相手のいない方向にコントロールする	
グループ・チーム戦術					

ボール・ゴールサイズ変更

	基礎技術発揮時期		実力(応用技術)発揮時期		完成時期
	U-14	**U-15**	**U-16**	**U-17**	**U-18**
	・浮き球ボールでも、正確にボールをコントロールする ・非利き足でも正確にコントロールする ・3方向にパスを出せる持ち方で前進する				
	・ふたり組で、距離を離してリフティングし合う ・動きながらボールをコントロールする ・コントロールから蹴る動作までを早くする				
	・相手のプレッシャーを見ながら、相手のいない方向にコントロールする				

黒字は、⑭ボールコントロール
赤字は、⑮ボールの持ち方・運び方
のトレーニングとなります。

⑯長短（フィード）の判断　　⑰速攻 or 遅攻の判断

	運動神経習得時期	基礎技術習得時期			
	U-10	**U-11**	**U-12**	**U-13**	
技術的要素					
コーディネーション/組み合わせ					
個人戦術			・ゲーム形式の中で素早い攻撃を意識する	・ゲーム形式の中で素早い攻撃を意識する ・ゲーム形式の中で前線へのフィードを試みる	
グループ・チーム戦術					

ボール・ゴールサイズ変更

5　GKの技術・戦術とトレーニング方法

	基礎技術発揮時期		実力 (応用技術) 発揮時期		完成時期
	U-14	**U-15**	**U-16**	**U-17**	**U-18**
	・ゲーム形式の中で素早い攻撃を試みる ・ゲーム形式の中で前線へのフィードを試みる ・時間稼ぎを試みる	・ゲーム形式の中で素早い攻撃を試みる ・ゲーム形式の中で前線へのフィードを試みる ・時間稼ぎを試みる	・ゲーム形式の中で素早い攻撃を試みる ・ゲーム形式の中で前線へのフィードを試みる ・時間稼ぎを試みる	・ゲーム形式の中で素早い攻撃を試みる ・ゲーム形式の中で前線へのフィードを試みる ・時間稼ぎを試みる	
	・試合の流れを考え、ゲーム形式の中での時間の使い方や配球の仕方を共有していく	・試合の流れを考え、ゲーム形式の中での時間の使い方や配球の仕方を共有していく	・試合の流れを考え、ゲーム形式の中での時間の使い方や配球の仕方を共有していく	・試合の流れを考え、ゲーム形式の中での時間の使い方や配球の仕方を共有していく	

5

GKの技術・戦術とトレーニング方法

サッカー
G K
パーフェクト
マニュアル

GK特有の
ケガ予防

GK は最後の砦として、身体を張ってゴールを守る役割を担っていることから、あらゆるケガのリスクがひそんでいます。ここでは、GK にまつわるケガを 3 つの項目に分けて、その予防策を紹介します。それに加えて、試合前と試合後に必要な要素についても紹介します。

① GK に多い傷害とその予防

サッカーという競技の特性上、GK かフィールドプレーヤーかを問わず、選手には急激なスピードの加減速、ジャンプ、ターンなど、さまざまな動きが求められます。それに加え、GK はピッチ内でボールを手で扱うことのできる唯一のポジションであり、上半身の傷害の可能性がひそんでいます。ここでは GK に多い 8 つの傷害と、その代表的な予防 / 強化法をひとつ抜粋して解説していきます。

肩関節前方脱臼 （かたかんせつぜんぽうだっきゅう）

肩関節は、強い靱帯（じんたい）によって外れないように保持されていますが、人の身体の中で最も広範囲の動きを求められる関節であるため、骨のつくりが浅くなっています。そのため、肩関節は、最も脱臼しやすい関節です。脱臼するときに、靱帯や腱（けん）に引っ張られたり、骨同士がこすれたりすることによって、骨折を起こすことがあります。また、靱帯や骨の損傷があると脱臼しやすくなり、いわゆる「脱臼癖」がつく原因となります。

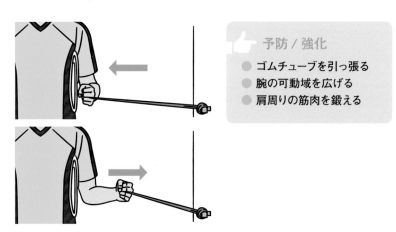

予防 / 強化

- ゴムチューブを引っ張る
- 腕の可動域を広げる
- 肩周りの筋肉を鍛える

肘関節靭帯損傷 （ひじかんせつじんたいそんしょう）

上腕の骨と肘から手首の間にある尺骨（しゃっこつ）をつなぎ、肘関節が横方向に曲がらないよう制御する役割を担う、側副靭帯のケガです。一度の負荷により靭帯が断裂する外傷性のほか、症状が慢性的に現れるものがあり、内側側副靭帯がゆるんだ状態になることを指します。
肘損傷の予防・強化には、手首を鍛えることが重要です。

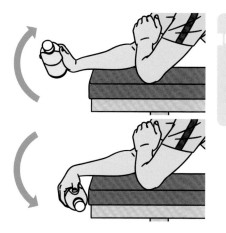

予防 / 強化

● 手首の筋力トレーニング
　下から上へ
　上から下へ
● 手首のストレッチ

手関節捻挫 （しゅかんせつねんざ）

手をついたり、ひねったりして、手首の靭帯の損傷が起きた状態を指します。
手関節の予防・強化には、指を鍛えることが重要です。軟式テニスボールなどの柔らかいボールを使用して、指先のトレーニングをするようにしましょう。

予防 / 強化

● 指先のトレーニング
　軟式テニスボールなどの
　柔らかいボールを使用
● 指先の筋力トレーニング
　・指全体
　・親指と小指
　・手のひら
※各種目を10回×2〜3セット実施

突き指（つきゆび）

ボールや物を指で突いて、指先に大きな力が加わることによって起こるケガのことです。突き指は放っておいても治ると軽く考えられがちですが、骨折や脱臼、腱や靭帯の断裂になることもあり、場合によっては手術が必要になります。整形外科を受診し、正しい診断と適切な治療を受けることが望ましいです。

近年、得点力アップに重きが置かれる中、サッカーボールはさまざまな進化を遂げています。記憶に新しい 2022 年のカタールワールドカップで使用された公式球「アル・リフラ」は、大会史上最もスピードが出やすいボールで、過去大会では軌道の変化が起きやすいボールが使用されたこともありました。ボールの進化により GK は難しい処理を強いられ、突き指や手首のケガの危険性も増しており、その予防をしていく必要があります。

予防策として、指をしっかりと広げて、指全体でボールをつかむ感覚を覚えましょう。特に小学生・中学生年代では、グローブなしでボールをつかむ練習も取り入れて、感覚を養わせる必要があります。

また、テーピングは、ケガの部位を固定する「痛みの抑制」の意味がありますが、予防としての効果や、精神面で安心させる効果も期待できます。ただし、毎回のテーピングは金銭的な負担になることがネックになるといえるでしょう。突き指しにくいサポート機能が入っている GK グローブもありますが、突き指しにくい反面、拳を強く握る動作がやや不便でストレスになることもあります。

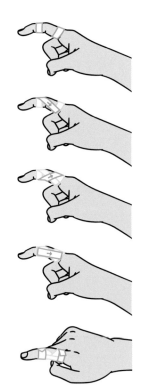

> 👍 **予防 / 強化**
> ● 素手で「つかむ」感覚を養う
> ● テーピング
> ● フィンガーセーブグローブ

テーピングやフィンガーセーブグローブのように、サポート用品に頼りすぎると、手や指が持つ本来の機能を伸ばすことができないデメリットもあります。ケガ防止とともに、指本来の機能を伸ばしていくことも必要になります。

腸脛靭帯炎 （ちょうけいじんたいえん）

ランニングやジャンプ動作を繰り返し、膝に負担がかかることで起こる、慢性的な傷害のひとつです。ランニングをしていても、膝の外側に痛みが出て走れなくなるような症状が起こります。

予防には片足スクワットが有効ですが、膝が外側を向いてしまわないように気をつけましょう。

👍 予防 / 強化

- 片足スクワット
- 小学生の場合は筋力の安定、中・高校生は筋力の強化

※各種目を 10 回×2 〜 3 セット実施

ジャンパー膝 （じゃんぱーひざ）

過度な運動（ジャンプや着地動作、キックやダッシュなど）により、太もも（大腿二頭筋）の使いすぎによって起こる膝の傷害で、膝蓋腱炎（しつがいけんえん）とも呼ばれます。

大腿二頭筋のストレッチのほか、足首が硬いと大腿二頭筋に負担がかかるために、ふくらはぎのストレッチが効果的です。

👍 予防 / 強化

- 大腿二頭筋のストレッチ
- ふくらはぎのストレッチ
- スクワットによる筋力強化

※各種目を 10 回×2 〜 3 セット実施
※小学生は不要

足関節捻挫 (そくかんせつねんざ)

足首の関節を支えている靭帯や関節包（かんせつほう）が、運動時に内側、外側にひねることで起こる傷害です。一般的には内側にひねることが多いのですが、GKの場合はシュートを足で止めたとき、外側に足首をひねってしまうことがあります。

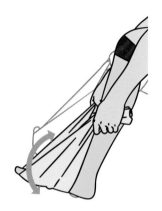

👍 予防 / 強化

● **ゴムチューブを使用した補強**
上、下、右、左とあらゆる方向からゴムで引っ張り、足首周辺の筋肉を鍛える
● **台に乗っての筋力強化**
足首を大きく回しながら上げ、可動域を広げながら行うことがポイント
● **ストレッチ**
歩くときに指の可動域が広がることで、足首の負担を軽減

成長痛 (せいちょうつう)

心身ともに成長している小学生や中学生の時期に多く見られる症状です。主に3つに分けることができます。
・腰椎分離症：急激に背が伸びているときに練習しすぎて起こる腰の分離症
・オスグット病：急激に背が伸びているときに練習しすぎることによって、膝に負担がかかることによる膝の痛み
・シーバー病：急激に背が伸びているときに練習しすぎることや、ふくらはぎの硬さからくる痛み

お風呂上がり、トレーニング前、トレーニング後など、時間をかけて念入りにストレッチすることで身体の負担を軽減することができます。

👍 予防 / 強化

● **ストレッチ**

② 接触時に起こり得るケガとその予防

GK は試合中、クロスに飛び出したり、相手の背後への飛び出しに対応する際は、相手や味方と接触する可能性があります。その局面でケガのリスクを可能な限り軽減させるためには、次の3点が重要になります。

予防 / 強化 1 プロテクト

クロスボールに GK が向かっていく際は、相手に近い側の足を曲げることで相手選手とのコンタクトをプロテクトし、パンチングを行う際は、相手に近い側の腕で相手とのコンタクトをプロテクトします。

予防 / 強化 2 声

GK がボールに対してプレーする際は、声で示すことで、味方選手は次の準備を行うことができ、相手選手に対してプレッシャーをかけることができます。声は大きければ大きいほど伝わりやすくなります。

予防 / 強化 3 身体の柔軟性

着地の際の捻挫など、骨以外の箇所に関しては、身体の柔軟性によって可動域が広がり、多少無理な姿勢になってもケガを防いでくれる可能性があります。日頃から身体のさまざまな箇所を柔らかくしておくことが重要です。

③ 筋肉系のケガとその予防

GK は、フィールドプレーヤーに比べて運動量は少ないものの、プレーをする際は瞬発的なアクションも多いため、結果的に筋肉系のケガにつながることがあります。ここでは予防策として、次の 3 点をあげます。

予防 / 強化 1

トレーニングでの爆発的なアクションの導入

スプリント：GK の瞬発的なアクションは、最長 10 〜 15 メートル程度で、時間にすると最長で 5 〜 8 秒ほどです。トレーニングからその距離の運動を行い、筋肉を慣れさせておきましょう。
ダイビング：ダンベルや自体重を用いて負荷をかけたダイビングを行い、特に下半身の筋肉を刺激します。必要以上の負荷はかえってケガのリスクもありますが、必要量の負荷はケガの予防にもつながります。

予防 / 強化 2

常に身体を温めておく

味方チームによる相手陣地でのアウト・オブ・プレーの時間を利用して、適度なジャンプやスプリント、ストレッチを行うなど、常に身体を温めておきましょう。また、試合前のウォーミングアップでも筋肉を温め、刺激しておくことも重要になります。

予防 / 強化 3

身体の柔軟性

そもそも身体が硬いと、筋肉系のケガを起こしやすくなります。筋肉に柔軟性を持たせるために、普段からストレッチやケアを心がけるようにしましょう。

6

GK特有のケガ予防

④ 試合前のウォーミングアップ

ウォーミングアップは、言葉のとおり、体温を上げて、身体を温める「warm」と、心拍数を上げ、血流量を増やす「up」を目的としています。筋や関節も温まることで関節可動域が広くなり、心拍数や血流量を徐々に上げることで、心臓や肺への急激な負担を避けることができます。試合前に、必要な局部に刺激を与えて動かすことで、ケガの可能性を減らすことにつながります。

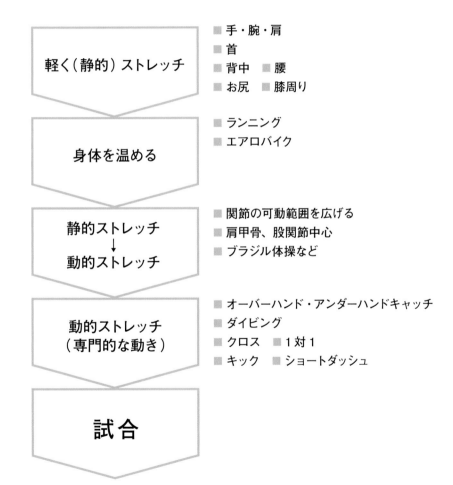

軽く（静的）ストレッチ
- ■ 手・腕・肩
- ■ 首
- ■ 背中　■ 腰
- ■ お尻　■ 膝周り

身体を温める
- ■ ランニング
- ■ エアロバイク

静的ストレッチ
↓
動的ストレッチ
- ■ 関節の可動範囲を広げる
- ■ 肩甲骨、股関節中心
- ■ ブラジル体操など

動的ストレッチ
（専門的な動き）
- ■ オーバーハンド・アンダーハンドキャッチ
- ■ ダイビング
- ■ クロス　■ 1対1
- ■ キック　■ ショートダッシュ

試　合

⑤ 試合後の身体のケア

試合で疲労した身体は、グリコーゲンが減少します。グリコーゲンが減少すると、疲労感が増したり、翌日のパフォーマンス低下につながったりします。試合後に身体のケアをすることは、疲労の回復とともに、心や頭の切り替えにもつながります。ここでは、次の3点をあげていきます。

クールダウン・ストレッチ・アイシング

クールダウンで、疲労を残さないようにします。ケガを予防でき、稼働した筋肉をゆるめて、可動域の柔軟性を高めることができます。 クールダウンなしでは疲労が蓄積して、筋肉が硬くなり、筋肉痛やケガのリスクが高まります。
運動後のアイシングは、その部分の張りや痛みを抑えると同時に、上昇した筋温を下げ、筋疲労の予防に効果があります。

栄養補給

試合後できるだけすぐに栄養を補給することで、筋肉中のグリコーゲン（エネルギーを貯蔵し人間の活動に欠かせないもの）の回復を早めましょう。 炭水化物（糖質）とたんぱく質を含む食品（おにぎりと牛乳、肉まんと100%オレンジジュース、バナナとヨーグルトなど）を組み合わせて食べるといいでしょう。

睡眠

睡眠は、疲れた身体の疲労回復と身体の成長や細胞の修復に役立ちます。約7時間程度の睡眠が望ましいとされています。試合後に寝られない選手もいると思いますが、携帯を見るのはNGです。カーテンを閉め、ベット（布団）の中にいる時間を長くしましょう。

GKコーチ座談会

楢﨑正剛×松本拓也×松永成立

「世界で戦える GK を育てるために」

横浜 F・マリノスで数々の GK を育て上げた、GK 界の "レジェンド" 松永成立氏。
ワールドカップメンバー 4 回選出、GK として初めて J リーグ MVP に輝いた楢﨑正剛氏。
ドイツで最先端の理論を学び、日本の GK に刺激をもたらしている松本拓也氏。
日本トップレベルの GK コーチ 3 人によるスペシャル座談会をお届けする。

3人の出会い

── 松本さんにとって松永さんは最も尊敬するGKコーチだとか。

松本 はい。僕が柏レイソルのトップチームでGKコーチをやっていたとき、横浜F・マリノスの松永さんがウォーミングアップでどんな練習メニューやっているんだろうと、いつも盗み見していたんです。驚いたのが、毎回メニューが変わっていたこと。初めて松永さんとお話ししたときに、そのことを伝えると「そんなところまで見ていたのか」と言ってくださって。日本代表としてプレーしていて、GKコーチとしても確固たる実績がある。GK界の大御所といえる存在なのに、今でも向上心を持ち続けている。すごく尊敬しています。

松永 松本さんと初めて会ったときのことは印象に残っていますね。とにかく好奇心旺盛で、あらゆることにアンテナを張っている。僕にとっても刺激を受ける存在です。こういう指導者を日本の中でひとりでも多く輩出できれば、日本のGKの未来は開けると思いますし、その手助けになればという思いで彼とは付き合いをさせてもらっています。

── 松本さんと楢﨑さんはいつから交流があるのでしょうか。

楢﨑 松本さんと最初に出会ったのは僕が引退して1年目のときですね。スヴェン・フーさんというドイツ人コーチを招いて、名古屋グランパスの育成選手の指導をしてもらう機会があったのですが、彼を連れてきてくれたのが松本さんでした。指導者としていろいろなことを取り入れようとしている姿を見て、「現役時代の経験をただ伝えるだけではいけないな」と大きな刺激をもらいましたね。

松本 2018年から2019年までの1年間、ドイツで研修を受けていたのですが、ドイツ人GKは楢﨑さんのようだなと思っていました。具体的には「後ろを優先する」というやり方です。相手と1対1になったときに、後ろに残って距離を取って、シュートに反応するための時間をつくる。日本だと、後ろに残る

と「どうして前に出ないの？」と言われがちです。逆に果敢に前に出てチャレンジして、結果的に決められてしまう分には「まあ仕方ないよね」となる、チャレンジを美学とするような傾向があると思います。後ろに残ってまずゴールをしっかり固めることを優先するスタイルは、今の日本ではまだ難しいはずなんですが、20年以上も前からそのスタイルを貫き続けてあれだけ高い評価を獲得したというのは、本当にすごいことだと思います。

欧州との差は「芝生の違い」にある

—— 皆さんはカタールワールドカップを GK 目線で見て、どんなことを感じましたか？

楢﨑　どの国の GK もみんな何でもできるなと。求められる要素が増えたこの時代にマッチしている選手が多いですよね。攻撃面とクロス対応や近距離、遠距離のシュートを止めること、スペースを埋めることとか、何かひとつが突出しているというより、全部のレベルが高い。

松永　楢﨑さんが言ったように、現代サッカーにおける GK はかなりの要素が必要で、それをトレーニングにどうやって落とし込むかが非常に難しい作業になってきています。

松本　失点シーンがあったら、GK コーチはプレーを細分化し、選手に落とし込んで、次につなげていくかが大事になります。GK のレベルが上がっているからこそ、GK コーチが根気強くやらなければ、世界との差は埋まりません。

—— 日本の GK が世界に追いつくためには、どんなことが必要になってくるでしょうか。

松本　環境整備はあると思います。ドイツは粘着質の芝生が多く、受け身を取る必要がないくらい柔らかいので、子どもの頃からたくさんダイビングできる。

「指導者が選手に
何から何まで伝えてしまうと、
自分で考えなくなってしまう」
──────── 松本拓也

それに対して、日本は人工芝や土のグラウンドがほとんどです。まずはローリングダウンをして、ケガをしないようにするところから入っている。スタート地点がそもそも違うんです。環境整備はGKにとっては必要になっていきます。

楢﨑　子どもの頃からずっと土のグラウンドでやっていると、知らず知らずのうちに身体を守る癖がついてしまうんです。プレー中は精いっぱいダイビングしたつもりだったのに、映像で自分の動きを見たときに「伸びてないな」と感じることがありました。

── 今は人工芝のグラウンドも増えてきていますが、松永さんが現役でプレーしていた1980年代から2000年代の頃と比べると、環境は変わりましたか？

松永　だいぶ変わったと思いますけど、松本さんが言われたようにサッカー先進国と呼ばれる国に比べたら、まだまだ追いついているとはいえません。昔、日産自動車のグラウンドが一面しかなくて、冬場になってくると芝生が枯れて、土がむき出しになるんです。それが黒土になって、雨が降ると練習着についた黒土がなかなか取れなくて……。練習後のシャワーを2回、3回と浴びてそこでやっと黒土が取れて、家に帰るという状況でやっていました。「跳んでも痛くない」とわかれば思い切り跳べるし、思い切り跳ぶということはケガを気にしない動作が成立しているということだから、必然的にもうひと伸びできる動きが身につく。グラウンドはすごく大事です。

── 日本人GKが世界で戦うためには何が必要になってくると思いますか。

松永　僕の時代は海外のチームと試合をすることが少なかったので、スピード感が普段とはまったく違うんです。だから、国際試合があると最初は相手の動きについていけなくて、シュートのタイミングが合わなかったり、スルーパスに飛び出すのが遅れたり、目が慣れる前に前半が終わってしまう。日常的に高いレベルでやっていれば、試合の中でアジャストするという作業が必要ありません。多くのフィールドプレーヤーが日本からヨーロッパへ行っていますが、GKは残念ながらほとんどいないのが現実です。

―― 日本の GK が世界レベルに適応していくためには、何が必要になるでしょうか。

松永　試合を想定したトレーニングをまずやらなければいけないですし、シュートストップに関しても、どういう動作をしたら最短で行けるのか、ウォーミングアップでどういうことをやらなければいけないか、コーチはどういう基準でやらなければいけないかといったことが決まってきます。GK コーチが質の高いトレーニングができれば、GK のパフォーマンスは必然的に上がるはずです。

自分で考える選手は伸びる

松永　実は、うちの選手たちには楢﨑さんが現役だったときの映像を切り取って見せることが多いんです。

楢﨑　本当ですか?　すごく光栄です。

松永　楢﨑さんは、飛んできたボールに最短で行けるし、ボールをつかむ技術がものすごくレベルが高い。その2点をよく見せていましたね。でも、先ほど「あまり身体が伸びない」と言っていたので、僕が今まで選手に見せていたのはなんだったんだと (笑)。それは冗談ですけど、楢﨑さんは、育成年代のときに特別な指導を受けられたんですか、それとも自己流でやってきたんですか。

楢﨑　高校時代は GK コーチがいなかったので、ボド・イルクナー (ドイツ) やピーター・シュマイケル (デンマーク) といった海外の選手のビデオを見ながら、どうやったらできるんだろうと考えながらやっていました。誰かに教えられるというより、自分で考えてきたのが、結果的には良かったのかなとは思います。

松本　この本で、歴代の日本代表でGKの層が一番厚かった時代は楢﨑さんや川口能活さん、川島永嗣選手がいる時代だったのではないかと書きました。育成年代のときにGKコーチがいない時代だったにもかかわらず、どうしてGKの層が厚い時代になったのか立ち返る必要があるなと。指導者の方たちがどこまで選手たちに考えさせて、どこからサポートすればいいのかというものを整理しないで、指導者が選手に何から何まで伝えてしまうと「コーチに任せれば自分を伸ばしてくれる」と選手が思って、自分で考えなくなってしまう。そうなると楢﨑さんのような選手は生まれないと強く思っています。

松永　アカデミー年代に限らず、GKは考えさせることが重要だというのは、そのとおりだと思います。私自身はGKコーチに教わった経験が少なかったので、指導者になってから、どこまで教えるのか、どこから考えさせるかという基準をつくるのは苦労しました。それこそ、選手のタイプによっても違うし、学習能力にも差がある。GKもひとりの人間なので、理論的に話をしてわかる選手もいれば、そうした話をすごく難しいと感じる選手もいる。ざっくり伝えたほうがいい選手もいるし、何も言わずに見ているだけのほうがいい選手もいる。そこの人間観察もすごく大事だと思いますね。

練習から試合を想定する

—— 本番で実力を発揮するためには、どんな練習をすれば良いでしょうか。

松本　ドイツの育成年代で印象的だったのが、研修先である 1.FC カイザースラウテルンで行われていた1対1のトレーニングです。GKは前に出て距離を詰めて対応するか、後方に下がってシュートに対応するかを、ボールとの距離を瞬時に見極めてから対応するのですが、後方に下がってシュートに対応する場面ではFW役のGKは誰からのプレッシャーもかからず、余裕を持ってシュートを打てるので、ほとんどのシュートが決まってしまう。それを見ていて、「こんなので練習になるのかな……」と思っていました。しかし後日、実

z

特別企画　GKコーチ座談会

z

287

際の試合でカウンターを受けたときに、トレーニングと同じようにGKが後方に下がる判断をしてシュートに対応した場合では、ディフェンスが戻りながらFWにプレッシャーをかけていたので、GKがシュートに対応できたんです。それを見たときに、ドイツでのGKトレーニングはGKトレーニングを成立させるために行うのではなくて、試合から逆算してトレーニングをしていると思い知らされて、本質とは何なのかを改めて考えさせられました。

楢﨑 GKからすれば、やられっぱなしになっちゃうのはしんどい（笑）。GKは練習中でも決められるのは嫌だし、どうしても雰囲気が悪くなる。そのあたりはGKコーチがうまくコントロールする必要があるのかなとは思います。

—— 選手の様子を見ながら練習メニューを微調整することはありますか？

松永 パフォーマンスのレベルにもよりますけど、明らかに悪いのであれば練習メニュー自体、途中でガラッと変えます。「今日は出来が悪いから」とひと言だけ伝えることもあるし、例えば「今日はポジショニングが雑だ」とか「構え方がその距離に対して合ってない」と、フォーカスすることもあります。その言い方は、状況によって変えています。ひどいときは、練習を打ち切ることもあります。さっきも言ったように、GKも人間だけど、僕も人間なので、やる気がないとか、集中力を欠くというのは許せない。

松本 でも、不思議なことに練習で良くなかった週の試合はパフォーマンスがめちゃくちゃ上がるということはありますよね。

松永 楢﨑さんが横浜フリューゲルスのときに教わっていたGKコーチのマザロッピさんは練習がきついことで有名でした。「練習よりも試合のほうが楽」という感覚だったんじゃないですか？

—— 楢﨑さん、すごくうなずいていますが（笑）。

楢﨑 試合のほうが楽でした（笑）。ハードに追い込まれていたことで、肉体的にも精神的にも余裕がある状態で臨めました。

「『GKは楽しい』とか『GKをやりたい』
と思ってもらえるような
環境になってほしい」

――――――――――― 楢﨑正剛

楢﨑正剛（ならざき・せいごう）
1976年4月15日生まれ、奈良県出身。1995年、奈
良育英高校から横浜フリューゲルスに加入。新人ながら
正GKとして活躍。1999年に名古屋グランパスへ移籍
してから24年間プレーし、J1最多出場記録「631」を
樹立。2010年には、名古屋で初優勝を果たし、GKと
して史上初のJリーグMVPに輝いた。日本代表GK
ではFIFAワールドカップに4回出場。2018シーズン
終了後に現役を引退し、2019年から名古屋のクラブス
ペシャルフェロー、2020年からアカデミーダイレクター
補佐およびアカデミーGKを務める。2023年より名古
屋のトップチームでアシスタントGKコーチに就任。

松本　そのときの楢﨑さんは「これだけの練習をしてきたんだから、どんなシュートでも止められる」という心理状態だったのでしょうか?

楢﨑　はい。ただ、マザロッピさんのメニューは質も量もあったなと思います。試合でやられた場面を修正することもあったし、次の試合を想定しているものもありました。

GK は孤独なポジション

―― 試合で最大限のパフォーマンスを引き出すためには、どんなアプローチをしますか。

松永　それぞれの GK コーチによってやり方は違うと思いますけど、うちの場合は試合と試合が1週間空くときは、試合の翌日をオフにして、2日練習してまたオフを挟んで、2日練習して試合というサイクルにすることが多いです。週4回のトレーニングの中で「この要素とこの要素をやる」という大枠は決まっています。そこに、先ほど楢﨑さんが言っていたように、試合や練習の中での課題が出たときにそれを加える。試合に向けてフィジカルを上げる要素も付け加えます。ただ、これが正解というのはありません。

松本　僕はおふたりみたいにプロとしての経験がなく指導者になったので、Jリーグや日本代表のピッチに立ったときに、どんな心理状態になるかというのはわかりません。私も含めて高いレベルでのプレー経験がない指導者は、それをカバーするために理論に偏りがちです。ただ、実際にプレーする上では理論だけでは片付けられないものがあります。それをわかっていなければ、選手の心を本当の意味ではつかめません。

―― GK コーチとの信頼関係があるかないかで、GK がピッチに出たときのパフォーマンスは変わってくると。

松本　そうです。あと、僕が大事にしているのは、楢﨑さんが先ほど話していたように、選手に「これだけやったんだから大丈夫」「試合中に何が起きても想定内」と思ってもらえるようにすること。自信を持った心理状態でピッチに送り出したいというのは常に考えています。

松永　GKは孤独なポジションです。孤独に打ち勝つためには、メンタルの強さが必要になりますが、もともとメンタルが強い選手ばかりではない。それでも強くいられるのは、先ほど楢﨑さんが言ったような練習や試合の中での積み重ねがあるからだと思います。

―― GKコーチは選手のトレーニングに対するリアクションなど、あらゆるものを察知しながら、柔軟にプランを変えることが必要だと。

松本　ただ、松永さんみたいに練習を打ち切りにできる人はいません（笑）。

GK同士で技術を盗む

―― 昨シーズン（2022年）、松永さんがGKコーチを務める横浜F・マリノスはリーグ優勝、高丘陽平選手はJリーグベストイレブンに選ばれましたね。

松永　高丘はすごく真摯で、真面目。僕への接し方と松本さんや楢﨑さんとの接し方も一緒だと思いますし、好奇心も向上心も強い。GKとしては未熟なところもありますけど、メンタルはトップクラスです。人間性というのはGKにとって大事な要素です。どんな環境で育ったのか、どういう人間に接してきたか。GKコーチには触れないところでもあります。

楢﨑　一緒にプレーした選手の中では、永嗣が一番野心にあふれていて、いろいろなものを盗んで取り入れようという気持ちが強かったですね。

「"寄り添う"というのは、
その子の人間性やパフォーマンスを
親身になって考えること」

──────── 松永成立

松永成立（まつなが・しげたつ）
1962 年 8 月 12 日生まれ、静岡県出身。愛知学院大
学卒業後、1985 年に日産自動車に加入。数多くのタ
イトルを獲得する。1987 年より日本代表に招集され、
1989 年、1993 年の FIFA ワールドカップ予選で正 GK
としてプレー。2000 年、JSL（日本サッカーリーグ）
145 試合、J リーグ 174 試合、日本代表として国際 A マッ
チ 40 試合出場という記録を残して現役引退。引退後は
京都パープルサンガの GK コーチに就任、2007 年から
は古巣の横浜 F・マリノスで GK コーチを務めている。

──川島選手は大宮アルディージャから名古屋グランパスへ移籍した理由として、楢﨑さんという日本ナンバーワンのGKと一緒に練習したかったからだと語っています。

松永 僕が楢﨑さんを映像資料として見せていたと言いましたけど、すぐ近くで見られるのは本当にいいことだと思います。川島選手が日本トップレベルのGKになれたのは、楢﨑さんという良いお手本がいたからというのは間違いなくあるでしょう。

楢﨑 僕自身も新しい選手が日本代表に入ってきたら、どんなプレーをするのかと観察していました。2022年1月に『THE GK CAMP』というGKの選手だけで集まって自主トレをしたのですが、それぞれのGKによってプレースタイルに違いがあって面白かったです。だから、世界のトップ選手と練習してみたかったなというのは、今になって思います。

松本 川島選手と一緒に練習をしているときは、「見られているな」と感じながらやっていたんですか？

楢﨑 永嗣だけじゃなくて、全員に見られている感がありました（笑）。

松永 GK同士じゃなくても、コロナ禍じゃなければファン・サポーターの人も見に来ているわけだから、かなり視線を感じるでしょ？

楢﨑 はい。気を抜けないです（笑）。

GKコーチに伝えたいこと

── せっかくの機会なので、お互いに聞きたいことはありますか？

松永 僕から楢﨑さんに質問があるのですが、これから日本代表チームにより深く関わる可能性があるのかは聞きたいです。

楢﨑　そういう話はありません（笑）。

—— 権田修一選手のようにレギュラー GK が初めてのワールドカップに臨む
ケースは今後もあるはずです。そのとき、実際に本大会のピッチを踏んだ経験
のある元選手がコーチにいると心強そうです。

松永　大きいと思います。楢崎コーチや能活のようなワールドカップに４大会
関わっている GK が今は指導者としての道を歩んでいる。ふたりには自分の経
験をどんどん還元していってほしいなと思っています。あるいは、松本さんの
ように海外に行った経験を伝えることも必要ですし、また異なるアプローチで
GK のレベルを上げることができます。プロとしてプレーした経験がなくても
ドイツの現場を見ている GK コーチは少ない。さまざまなバックグラウンドを
持った人がいれば、日本の GK 界は活性化するはずです。

楢﨑　逆に僕は、松永さんが日本代表に関わらないのかと思っています（笑）。

松永　僕は観客席から楢﨑さんや松本さんを見て、楽しんでいるのがいいです
ね（笑）。

—— 永遠に議論を交わしていられそうですが、最後に日本中の GK コーチへ
向けてメッセージをいただきたいです。

松本　今は GK に関するたくさんの情報があります。実際にそれを自分でやっ
て、取捨選択しながら、子どもたちに還元してほしいと思います。あとは、
GK コーチがクラブや監督の方々に認められることで、子どもを取り巻く環境
はより良くなっていくと思っています。

楢﨑　今はユースの選手を見ているので、上を目指す選手たちになりますけど、
入り口が大事だと思っています。特に小学生代に関わってくる人たちも学び
ながら「GK っていいよね」ということをみんなで常に発信していける状態が
日本の GK のレベルアップにつながっていくはずです。「GK は楽しい」とか「GK
をやりたい」と思ってもらえるように指導していきたいです。

松永　GK コーチをやみくもに増やしても仕方のない話で、まずはアカデミー
や若年層の選手に"寄り添う"ことが大事だと思います。"寄り添う"という
のは、その子の人間性やパフォーマンスを親身になって考えること。「この子
のパフォーマンスを良くしよう」と思ったときに、自分の知識がなければ、い
ろいろなものを見ると思いますし、聞くことになるはずです。そこでひとつ
の判断基準が出て、「この場面で正しい守り方をするにはどうすればいいのか」
と突き詰めて考えるようになると思います。自分が関わっている選手がシュー
トを止めたとき、うれしそうな顔をしていたり、楽しそうな顔をしていると思
います。そうすると選手もやる気が湧いてくるし、指導者もやる気が湧いてく
る。優秀な GK が増えるということは、指導者のレベルが上がっているという
証明ですし、今度はその指導者を見て真似をする指導者が出てきて、指導者の
レベル向上につながっていく。そういうサイクルが全国各地で生まれてほしい
なと思っています。

＊この座談会は 2022 年 12 月末に行われました。

あとがき

小学校時代はずっと野球をしていて、中学校に入ってからも野球部に入り、部活に明け暮れる日々を送っていました。ところが中学2年の冬に肘が痛くなり病院で検査をしたところ、「野球肘」と診断され手術を余儀なくされました。

Jリーグが盛り上がり始めていた1993年のことです。野球をしていても、テレビで見るサッカーに興味が湧いて、いくつかのチームタオルを購入したのを覚えています。そんなふうにサッカーに興味が湧いていた頃に野球肘になり、中学3年になるタイミングで思い切ってサッカーに転向しました。

中学の部活は7月に総体があり、そこで負けると引退です。サッカー部は学校の花形の部活でもあり、中学3年からサッカーを始めた私が試合に出られるわけもありませんでした。サッカー部に入っても居場所がなく、中学での部活動は夏前に終わってしまいました。

それから毎日、近くの公園でひとりでボールを蹴る日々を過ごしました。中学校は私の居場所もなく孤独でしたが、少しずつ狙った所にボールを蹴れるようになっていく公園での時間がとても楽しかったのを覚えています。

高校に入り、なぜだかGKに興味を持ちました。おそらく、手を扱う競技に慣れていたこともあったと思います。1年生の7月から本格的にGKに転向しました。特別背も高くありませんでしたし、身体能力が高かったわけでもなかったので、監督に志願したときは笑われました。

GKコーチもいませんでしたし、土のグラウンドはダイビングするのには硬く、いろいろと不便なことも多かったのですが、工夫をして取り組むことで上達していくことを楽しいと感じていました。何でも万全に用意されていたら深く考えて工夫をすることもなかったと思うので、自分を成長させてくれた時間だったと思います。

GK をしていて背も決して高くなかった自分が、入ったと思ったシュートを止めて相手が悔しそうにしている姿を見るのがたまらなく気持ちが良く、また、ディフェンスラインの背後を狙った相手のスルーパスを先読みして狙ってインターセプトしたり、クロスボールに足を運んで奪うプレーなどが好きでした。野球をやっていたりさまざまな球技を得意としてきた自分にとって、GK としてプレーすることは得意なものを出すだけでしたし、楽しくて仕方がありませんでした。

高校生になってからは正真正銘サッカーのことだけ考えて過ごしました。そして、高校 2 年生の冬に、柏レイソルの練習会に無理を言って参加させてもらい、1 週間後に奇跡的に柏レイソルの U-18 に入団しました。中学生の頃は居場所もなく孤独を感じていましたが、高校生になってからは孤独も気にならなくなり、人の顔色をうかがうことをやめてからは自然と仲間もできました。

残念ながら、柏レイソルではトップチーム昇格の目標は果たせませんでしたが、プロサッカー選手になる夢を諦め切れなかった私は、GK としてわずか 3 年足らずの競技期間を経て、その当時はまだサッカー留学が盛んではなかった時代に、高校卒業と同時にドイツに留学をしました。世界屈指の GK 大国ではまったく選手として歯が立たずに、こんなにも違うのか、と思い知らされて 2 年後に日本に戻ってきました。

日本でプロテストを受けるつもりで、当時川崎フロンターレの育成部（今でいうアカデミー）でテクニカルディレクターをされていた前田秀樹さん（現東京国際大学監督）を頼って挨拶に行ったときのことです。「選手じゃなくて指導者をやってみないか」と言われ、「はい、やりたいです」と即答したのが指導者キャリアのスタートになりました。おそらく、自分の限界値をドイツで思い知らされ、しかし、競技期間が短いにもかかわらず、世界のトップを肌で感じることができた満足感もあったのでしょう。なぜだか前田さんの言葉で、選手として上を目指すことを

きれいさっぱり諦め、指導者に転向しようと決めてしまっていました。

指導者を始めた20歳の頃は、「指導者なんて自分の経験を教えればいいだけだから簡単」と甘く考えていましたが、実際は選手をうまくすることができずに苦労の連続でした。そんな中、川崎フロンターレで一緒に仕事をさせてもらっていたチョウ・キジェさんから、まだ指導者として右も左もわかっていなかった私に、サッカーに対する姿勢とはどのようにあるべきかを学びました。選手に何かを伝えたいのであれば、まずは自分の行動や姿勢で示しをつける。どうすれば選手が指導者を信頼するようになるのか、身をもって教えてくれた方でした。

柏レイソルでは吉田達磨さんからサッカーを組織的に考えることを学び、自分のサッカーの見方が180度変わるような衝撃的な経験をしました。

私の指導者キャリアの中で、経験の乏しかった頃にこのおふたりに出会えたことが本当にラッキーだと感じています。もしこの出会いがなかったら……と思うとゾッとします。川崎フロンターレでは6年間指導に携わらせていただきましたが、指導者としての自分の成長に行き詰まりを感じ始めていたときに柏レイソルからお話をいただいて、吉田達磨さんに出会えたことで、GKの指導に対しても考え方が変わりました。今でもその考え方が私の指導の礎になっています。

2018年の5月には、柏レイソルのトップチームを一旦離れることを理解してくださり、ドイツの古豪、1.FCカイザースラウテルンで研修を受けるのですが、柏レイソルというGKに最も理解のあるクラブでなければ、私がドイツで研修を受けることも、1シーズンもの間、海外で学ぶこともできませんでした。自分を育ててくれた柏レイソルというクラブには感謝しかありません。

ドイツ行きが決まってから、Jリーグの方にこう言われました。

「松本さんがドイツに研修に行くのは、あなたひとりのためではないですからね。日本のGKコーチを代表して行くんですからね、それを忘れないでください」と。その言葉は今でもずっと頭の中に残っています。忘れたことは一度もありません。

ドイツに派遣していただいてから、可能な限り自分の経験をほかの指導者にも伝え、できるだけ多くの指導者にシェアしてきました。おこがましいことではありますが、多くの人たちと力を合わせてGK育成に取り組んでいこうと決心し、今までずっと続けてきています。

カタールワールドカップでは、権田修一選手をはじめGK陣がひとつのグループになって、素晴らしい成果を示しました。権田選手は世界を相手に決定機を止め、ワンプレーで試合の流れを変え、世界屈指のドイツやスペインに見事な勝利をあげました。これまで日本のGK指導に関ってきたすべての皆さんの勝利だと思えた感動的な大会になりました。

しかし、もちろんできなかったことや、これからやっていかなければならないこともまた多くあると感じた大会でもありました。

私は地元船橋でGKスクールを運営させてもらっていますが、保護者の方からこんなことを言われたことがあります。
「チームの監督が息子に、『おいGK、もっとディフェンダーに声を出せ』と言うのですが、具体的にどういう声を出せばいいんですか?」と。その子はまだ小学4年生ということもあり、私は「小学4年生だったら、具体的に味方に指示をするのはまだ難しいですし、声を出すことで自分の準備も遅れてしまいますからね……」と答えました。

しかし、「具体的に声を出せ」という監督・コーチの要求を解決しなければ、結

局指摘されるのは GK をしている子どもです。私がその難しさを伝えても、それは保護者の方にとってほしかった答えではなかったのだと、そのときに気がつきました。

これから、日本の GK がさらなる成長を遂げていくためには、GK コーチは単に GK の指導法を身につけるだけでなく、周囲から信頼されていくことも重要な役割になると思います。GK コーチのみならず、監督やコーチを含めた多くの人たちに、「GK の育成は難しい」「GK の育成は時間がかかる」といった理解をしてもらい、長い目で GK の成長を見守ってもらえるような環境を整えていく必要があるでしょう。しかし実際には、失点がチームの勝敗に大きく直結してしまう GK や GK コーチが監督やコーチに意見するのはハードルが高く、ましてや若い GK コーチであればなおさら難しいというのが現実だと感じます。

本書に収録されている『GK コーチ座談会』を実施するにあたり、楢﨑正剛さんはこのためだけにわざわざ名古屋から横浜まで新幹線を使って来てくださいましたし、松永成立さんも年末の忙しい時期にわざわざ時間を調整してくださいました。プロサッカー選手でもなかった自分のために一役買ってくださったおふたりには感謝してもし切れません。また、今回、出版社の KADOKAWA さんにこのカタログがあることを紹介してくださったウニベルサーレの北健一郎さんも、GK 出身ではないにもかかわらず、GK に対する関心と理解をしてくださり、いつも私が行うイベントに協力してくださいます。このタカログの存在を知り、理解を示し、出版まで寄り添ってくださった KADOKAWA の酒井陽さん、素晴らしいデザインでカタログを書籍の形にまでまとめてくださったデザイナーの坂井栄一さん、膨大な量の原稿をひとつひとつ丁寧に形にしてくださった野口学さんにも、心から感謝申し上げます。

昨年（2022年）まで、サッカーの解説をする前にGKのことでわからないことがあるといつも連絡をしてきて、GKの理解を深めようとしてくださった方もいます。その方は今シーズンからSC相模原で監督をされる戸田和幸さんです。ただサッカーを解説するだけでなく、GKへの理解も深めた中で解説にあたることは、本当に素晴らしいことだと思っています。

私を取り巻く環境には、GKに対してすごく理解を示し、共感をしてくださり、信頼をしてくださっている方が多くいます。

私に与えられた使命は、GKのことを理解してくれる方をひとりでも多く増やすことと、周囲に信頼されるGKコーチを増やすこと。
そして今年からは、私のことを理解してくださり、「GKとGKコーチが最も育つクラブをつくりましょう」と言ってくださったSC相模原や親会社の株式会社ディー・エヌ・エー（DeNA）のためにも、選手を育て、チームを強くし、ビジョンを遂行することです。

私はプロ選手になっていないGKコーチですが、GKの魅力や価値を高めようとしていく中で、こんなにもGKに理解をしてくださる人が周囲にたくさんいます。プロにはなれませんでしたが、プロ選手の指導にも関わることができています。

私と同じようにプロの経験がない方でも、プロ選手を指導する場所に立つことは努力次第で絶対に可能です。その方々の模範となり、目標となれるように、これからも頑張って成長していきたいと思います。

松本拓也

松本拓也

（まつもと・たくや）

1980年1月25日生まれ、千葉県出身。中学3年からサッカーを始め、高校1年でGKに転向。高校2年で柏ユースに入団し高校卒業とともにドイツに渡り2年間プレーしたのち20歳で現役引退。引退後は川崎ユースで6年、柏ユースで8年指導し、2015年から柏のトップチームのGKコーチを3年半務め、中村航輔を筆頭に小久保レオブライアン、佐々木雅士などその後プロになる多くの選手の指導に携わり「柏のGK育成一代組織」の礎を作る。2018年7月から2019年5月には日本サッカー協会とJリーグの協働プログラムにより、ドイツ（ブンデスリーガ）の古豪、1.FCカイザースラウテルンで研修を受ける。2020シーズンからは大宮トップチームのGKコーチ、2023シーズンよりSC相模原のトップチームGKコーチ兼ヘッドオブGKコーチに就任。

アシスタント

関敦也

（せき・あつや）

1998年6月9日生まれ、埼玉県出身。浦和レッズジュニアユース、ヴァンフォーレ甲府 U-18、新潟経営大学で GK としてプレー。2017年より、新潟経営大学のサッカースクールで指導を始め、その後は新潟経営大学の学生 GK コーチ、新潟西高校の GK コーチ、FC 刈谷と VONDS 市原でトップチーム GK コーチを務める。

企画・制作　株式会社ウニベルサーレ
編集　　　野口学
写真　　　高橋学、浦正弘
イラスト　内山弘隆
デザイン　坂井栄一（坂井図案室）、田中恵
図版制作　ライトハウス
校正　　　ライトハウス、野口学
撮影協力　大宮アルディージャ
衣装協力　PUMA

サッカーGK パーフェクトマニュアル

ゴールキーパー

2023年3月9日　初版発行

著　者	松本 拓也
発行者	山下 直久
発　行	株式会社 KADOKAWA

まつもと たくや

〒102-8177
東京都千代田区富士見2-13-3
電話 0570-002-301（ナビダイヤル）

印刷所　　大日本印刷株式会社

本書の無断複製（コピー、スキャン、デジタル化等）並びに
無断複製物の譲渡及び配信は、著作権法上での例外を除き禁じられています。
また、本書を代行業者などの第三者に依頼して複製する行為は、
たとえ個人や家庭内での利用であっても一切認められておりません。

●お問い合わせ
https://www.kadokawa.co.jp/（「お問い合わせ」へお進みください）
※内容によっては、お答えできない場合があります。
※サポートは日本国内のみとさせていただきます。
※Japanese text only

定価はカバーに表示してあります。

©Takuya Matsumoto 2023 Printed in Japan
ISBN 978-4-04-606018-1　C0075